"抵御外侮——中华英豪传奇"丛书

丛书主编　张海鹏

华侨英雄

李　林

王宝国◎著

南京出版传媒集团
南京出版社

图书在版编目(CIP)数据

华侨英雄李林/王宝国著. —南京:南京出版社,
2018.4
(抵御外侮:中华英豪传奇)
ISBN 978-7-5533-2172-1

Ⅰ.①华… Ⅱ.①王… Ⅲ.①李林(1915—1940)-
传记 Ⅳ.①K825.2

中国版本图书馆 CIP 数据核字(2018)第 052226 号

书　　名: 华侨英雄李林
作　　者: 王宝国
出版发行: 南京出版传媒集团
南 京 出 版 社
社址:南京市太平门街 53 号　　邮编:210016
网址:http://www.njcbs.cn　　电子信箱:njcbs1988@163.com
天猫 1 店:https://njcbcmjtts.tmall.com　天猫 2 店:https://nanjingchubanshets.tmall.
联系电话:025-83283893、83283864(营销)　025-83112257(编务)

出 版 人: 项晓宁
出 品 人: 卢海鸣
责任编辑: 严行健
封面设计: 王　俊　王　敏
责任印制: 杨福彬

排　　版: 江苏凤凰制版有限公司
印　　刷: 常州市武进第三印刷有限公司
开　　本: 787 毫米×1092 毫米　1/32
印　　张: 4.75
字　　数: 76 千字
版　　次: 2018 年 4 月第 1 版
印　　次: 2018 年 4 月第 1 次印刷
书　　号: ISBN 978-7-5533-2172-1
定　　价: 18.00 元

天猫 1 店　　天猫 2 店

编 委 会

总 序

在中华民族的历史上，沿海倭寇的肆意袭扰，西方列强的坚船利炮，侵华日军的烽火狼烟，一次又一次将中华民族推向生死存亡的边缘，给中华民族带来了深重的灾难与难以磨灭的痛苦记忆。中国从一个封建国家演变为一个半殖民地半封建国家。国运危亡，威胁着每一个中国人。

天下兴亡，匹夫有责。抵御外侮，救亡图存，成为面临外敌入侵、民族危亡时中国人思考的第一课题。也正是在这样的危难时刻，中华民族产生出一个又一个舍生取义、矢志报国的英雄豪杰，他们一回又一回地挽狂澜于既倒，扶大厦于将倾。他们的丰功伟绩，不只是单纯地拯救了某个王朝，某个皇帝，而是拯救了整个中华民族的血脉与希望；正像我们的国歌所唱的那样:把我们的血肉铸成新的长城,他们的奋斗和牺牲,把中国的历史命运一次一次推向一个进步的新阶段;他们的高风亮节,不只是中华儿女景仰、学习的榜样,也是人类不屈不挠、英勇抗暴精神的象征。抗敌御侮的英雄事迹,构成了中华优秀传统的新的篇章。

中华民族没有在外敌面前屈服、倒下,而是在一次一次斗争后走向新生,走向进步。作为唯一延续至今未曾中断过的中华文明不断在成长,中华民族依旧傲然挺立于世界民族之林,中华民族的文化传统,不仅没有消逝在历史长河之中,反而发扬光大,成为造就中国特色社会主义的基本历史因素。

为了歌颂中华英豪的爱国精神,为了纪念中国人民抵御外侮的伟大事迹,为了弘扬优秀的传统文化,南京出版传媒集团·南京出版社推出“抵御外侮——中华英豪传奇”丛书。

这套丛书是面向青少年的普及性读物,聘请各有所长的学者撰写,力图用生动活泼的语言,引人入胜的故事,准确的历史事实,努力展现明清以来各个时期抵御外侮的英雄豪杰的事迹,描绘每一位英豪的成长历程和闪光人生，再现了他们人生的不朽光辉。丛书通过这些在抵御外侮中发挥重大作用的英雄人物，向广大青少年表达了中华民族热爱和平、热爱祖国的家国情怀。

如今，我们正走在中华民族复兴的伟大征程之上，国家发展前程似锦，国际地位日益提高，全世界的目光都在转向中国，可以说，今天的中国距离中华民族复兴的伟大梦想，比以往任何时候都更为接近了。越是在这种时候，我们越是要记住为实现中华民族伟大梦想而奋斗、而牺牲的先烈；在我们昂首阔步走向未来新征程的路上，我们更应该居安思危、以史为鉴。历史已经证明：每一段抵御外侮的历史，都是一段维护正义的历史；每一场抵御外侮的斗争，都是一场维护和平的斗争；每一次抵御外侮的奋斗，都是一次为了实现人民美好生活的奋斗，正义终将胜利，和平终将胜利，人民终将胜利。

“抵御外侮——中华英豪传奇”丛书在传播正能量、弘扬爱国主义情怀的同时，提醒我们，在和平时期，抵御外侮的精神同样不可或缺，抵御外侮的英豪也同样不应遗忘，我们今时今日所有的成就与繁荣，离了这种精神、这些英豪，都是万万不可想象的。

“抵御外侮——中华英豪传奇”丛书，不只是为了缅怀先烈，更是为了激励后人；不只是为了铭记历史，更是为了展望未来。

为青少年编写历史小丛书，是一项崇高的事业。20世纪50—60年代，吴晗主编了《中国历史小丛书》《世界历史小丛书》，对当时的青少年起到了历史教育的奠基作用，事实证明是成功的出版经验。我期待南京出版社继起努力，把这个崇高的事业承担起来，拓展开来。为这个崇高的事业投入人力、物力和财力，是会得到善报的，这个善报，不在多少金钱，而在一代一代具有丰富历史知识的青少年的成长，他们将成为国家的栋梁。

张海鹏

（中国社会科学院学部委员、中国史学会原会长）

目录

引言/ 001

第一章　无乡之女　中华为乡/ 003

第二章　笃志好学　自强不息/ 010

第三章　办校办班　春风化雨/ 030

第四章　投身救亡　晋绥荡寇/ 043

第五章　慷慨悲壮　英雄本色/ 088

第六章　救国救民　精神丰碑/ 128

参考书目/ 140

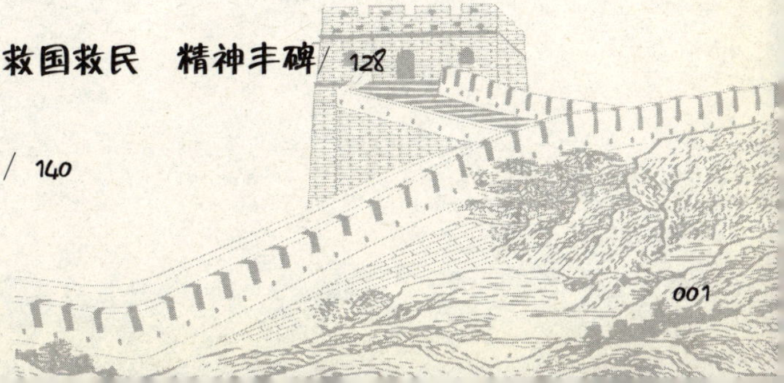

引 言

在我国历史上反侵略和抵御外侮的战争中，发生在1931年9月到1945年8月之间的14年抗日战争，战争程度最残酷，民族危机最严重，政治、军事背景最复杂。这场战争，把我们的民族和人群检验出来了：中华民族是不是一个英雄的民族？我们中国人有多少人是英雄？哪些人是英雄？

1937年的秋天，黄土高原上的山西雁北（雁门关以北，今辖朔州市、大同市），城镇和大部分乡村被日本侵略军占领了，他们随意杀人，随便抢东西，随便欺凌老百姓，人民的日子又苦又难没法过下去了，人们愤恨地把日本侵略军叫作“鬼子”。就在雁北的大同、怀仁、岱岳接连三座城市（镇）被当地某些人打着日本旗拱手送给日本鬼子的时刻，有一位南洋华侨女学生从中国南方前往那里拉起抗日队伍打鬼子，保护人民，并且牺牲在那里——她叫李林。

1973年9月15日，周恩来总理陪同法国总统乔治·

让·蓬皮杜访问大同，谈到两国各有一位民族女英雄——贞德和李林，周恩来嘱咐雁北地区领导人："她不到后方做官，坚持前线抗战，她是我们的民族英雄，要为她写出传记，让下一代好好学习她。"

李林，既是一位归国华侨，又是一位大学生，她率领亲手创建的抗日队伍驰骋前线，威震晋绥。她能双手打枪，文武双全。

那时，中国有位著名的将军贺龙，他了解李林在前线的抗日战绩，利用开会的机会接见了李林，称李林是"我们的女英雄"，这是李林生前就获得的荣誉。本书就给大家讲讲"我们的女英雄"——李林。

李林烈士跃马疆场塑像

第一章 无乡之女 中华为乡

100 年：人民和祖国的女儿

李林在雁北地区生活了 34 个月，因为她既能打击敌人，又能保护人民，就像神一样深入人心。所以那里的老辈人讲起李林常会流眼泪，有的人家还刻个牌位供在家里把她当亲人祭奠、纪念。

李林

周恩来、贺龙、薄一波、胡乔木等新中国领导人，都曾经强烈关注李林，号召人民学习李林。2009 年 9 月，由中共中央宣传部、组织部等 11 部门组织，全国人民投票把李林选为“100 位为新中国成立做出突出贡献的英雄模范人物”之一；2014 年 9 月，国家民政部公布了首批抗战英烈与集体300名，李林再次榜上有名。这就是说，李林是国家和民间共同纪念的英雄人物，是不同党派都崇敬的民族英雄。

朔州李林烈士林园李林像

山西省朔州市有一座李林烈士陵园，有一所李林中学；福建省厦门市集美中学有一座李林园，有一所李林馆；朔州、集美和上海爱国中学都有李林雕塑，朔州至少有5尊。朔州还成立了一个以李林为主要研究对象的研究机构，叫“李林研究会”。在这些地方及其他很多地方，年年不断举行不同规格、规模不等的祭奠、纪念李林的各种活动。其中，省级规格的就有很多次。人们写传记、演戏、拍电视宣扬李林的情形更是层出不穷。本书就是从本人写的《华侨抗日女英雄李林传》中择其精华而形成的。

2015年，是李林100周年诞辰。从出生时的特殊情形到她牺牲时的壮烈情形，从她的一生到后世人们持续不断纪念她、宣传她的情形来看，李林实在是中国和全体华人中100年来最可爱、最令人难忘的人之一。

15000里：南洋和她的祖国

李林短短24岁半的一生，是这样一个等式：3＋10＋7＋4——3年幼儿，10年侨居，7年读书，4年抗战。她走过8000公里路的地方——不是旅游里程，而是区域距离。单就这个长度就很不简单了吧。李林走了这么远的路程，都到过哪些地方？意味着她的什么性格和命运？

李林生于1915年11月15日。40多天后，她的生父母用一只大竹篮把她送到福建省漳州市的塔口庵门外，华侨陈茶收养了她。所以李林压根儿就不知道自己的生身父母是谁，自己是哪里人，她后来就把中华大地当作了自己的故乡。母女俩在漳州市龙眼营住了三年，李林被养母陈茶带到印度尼西亚泗水市去找养父李瑞奇，在那里一住就是10年。

这十年，李林在养父创办的“中华学校”上了学。那时，印度尼西亚是荷兰殖民地，李林亲眼看到荷兰人欺压华侨，而且学校里只准学荷兰语，不准学中文。李林心里很不满，很痛苦。

1929年冬天，李林小学毕业，随养母回国，定居于漳州市龙溪县(今龙海市)县城石码镇。之后，她一边读书，一边从事革命活动，一路北上了。

她先在石码镇读了半年私塾，接着到厦门进入陈嘉庚先生创办的集美学校。升高中的时候，她到了杭州女中，因为杭州西湖畔长眠着女革命家秋瑾和南宋抗金英雄岳飞，李林是秋瑾和岳飞的崇拜者。不到一年，20岁的李林觉得自己已经很成熟了，要做些对国家和人民有益的事情，就于1935年初转学到上海爱国女中，读书之外，参加了很多活动，做了很多事情。在上海第19个月时，为了做更大的事，就北上北平(即今天的北京)到民国学院念大学。这时，是1936年7月。12月12日北平学联组织全市大型游行示威活动，李林担当了旗手，她干得出色，就被中国共产党吸收为党员。

入了党，就要听从党组织的安排。1936年底，李林结束了大学学业，被派到山西太原参加了山西省牺牲救国同盟会(下称牺盟会)军政训练班。1937年“七七事变”

后，李林强烈要求到前线抗日，于 7 月 20 日第一次北出雁门关，来到大同，任牺盟会大同中心区宣传委员。51 天之后，大同沦陷，李林在南返太原途中又于 9 月 18 日二出雁门关，来到雁北建立晋绥敌后抗日根据地（今晋北内蒙古南一带，以今山西省朔州市为中心）。从这一天起，直至 1940 年 4 月 26 日牺牲，李林在晋绥从事抗日事业 32 个月中，大多数时候身兼文武二职，组建队伍、率部战斗、培训干部、宣传教育，做过多种岗位的多项工作，在各政党和社会各阶层中产生了巨大影响。

李林抗战图

李林担任过的职务先后有：山西牺盟会晋绥边区（中共晋绥边特委）宣传委员，雁北第八抗日游击支队政治主任、队长，八路军一二〇师雁北独立六支队骑兵营教导员，中共晋绥边委组织委员（兼管地方军事），晋西北行署委员兼第十一专署秘书主任。

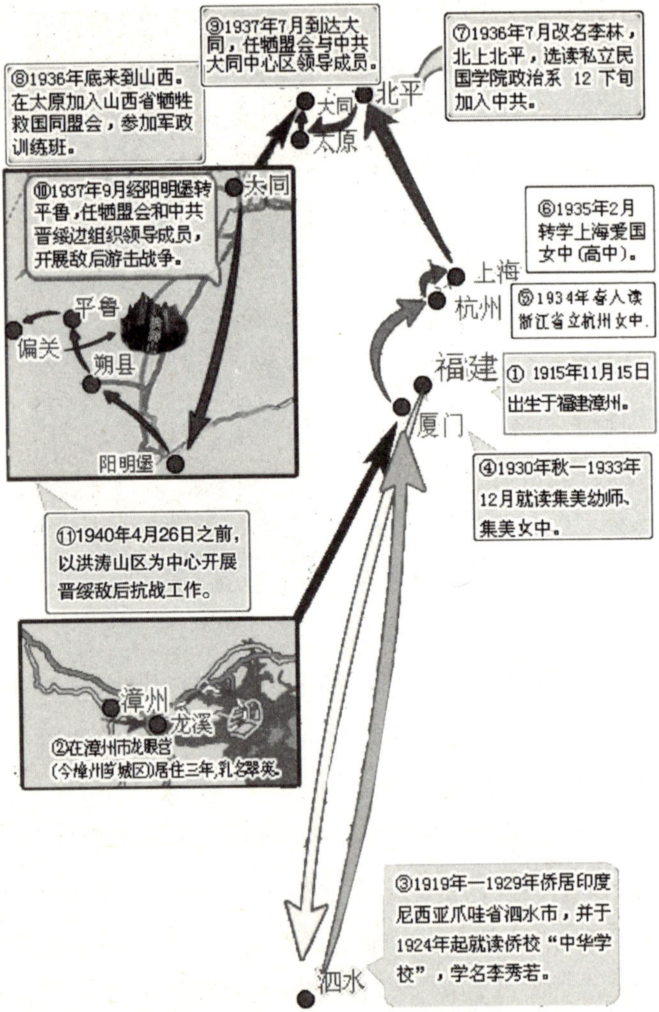

李林生平行迹图(玉宝国编，赵静江绘)

李林在晋绥地区工作战斗过的地方主要有:(1) 隶属于今天山西省朔州市的平鲁区、山阴县、右玉县、怀仁县;(2) 隶属于今天山西省忻州市的偏关县;(3) 隶属于山西省大同市的市区、南郊区、左云县;(4) 隶属于今天内蒙古自治区的凉城县、丰镇市、清水河县、和林县。

第二章　笃志好学　自强不息

李林牺牲于抗日战争时期，是个当之无愧的“抗战英雄”。了解李林的人说起来，都知道她有理想，有思索，有精神，有文化。那么，这些丰满的内涵从哪里来的呢？来自于她勤奋地学习。

这一章，专讲李林在各个时期认真、专注地学习的故事。

印尼读书：维护中国地图

李林被收养时，养母陈茶给她起了个小名叫翠英。翠英三岁时，漳州地区流行天花，她不幸感染，成了“李疤子”（后来，抗日军民对她的昵称）。1919 年春节后，将近 4 岁的翠英随养母远渡南洋与养父会合。养父李瑞奇很崇拜反清的太平天国将领李秀成，把李秀成的名字嵌入自己收养的四个孩子的学名当中：李秀若、李秀娇、李和成、李永成。李秀若便是翠英，后来改名李林。李瑞奇在泗水办起一所名叫“中华学校”的华侨小学，秀若 9 岁时入读了这所学校。

李瑞奇

李瑞奇在自己创办的侨校聘有几位华侨教师任教，李秀若的启蒙老师名叫方寅。入学第二年的一天，在自然科学课上，方老师讲世界地理，顺便也就讲到了祖国。

“同学们！这就是我们的祖国！我们中国有将近 1200 多万

小贴士

荷兰殖民统治下的印度尼西亚：印度尼西亚简称印尼，位于东南亚，由 17508 个岛屿组成。二战结束后，经历 350 年荷兰殖民统治的印尼宣告独立。李林侨居印尼时期，正值荷兰殖民当局对印尼在政治、经济、宗教诸方面实行高压统治，打压华侨，学校教育不允许使用华语，也不允许讲授有关中国的内容。

平方公里的面积，占地球总面积的7%还多……”方老师翻起世界地图，指点着中国地图——

“这是奔腾咆哮的黄河、长江；这是高耸入云的喜马拉雅山；这是雄峙北国的万里长城……”

华侨学生心底潜伏的民族意识被激活，个个心驰神往，对于祖国，又是新奇，又是热爱。就在这时，“咔啦”一声，教室的门被踢开，荷兰殖民教育官员气势汹汹地走上讲台，警告教师道：“可爱的先生，你的知识倒很丰富。不过，我告诉你，你讲中国地理，已经违令了。”

“中国地理，也是世界地理的一部分，况且，我和学生都是中国人……”方寅老师发出抗议，他的声音很微弱，但却是正义的。

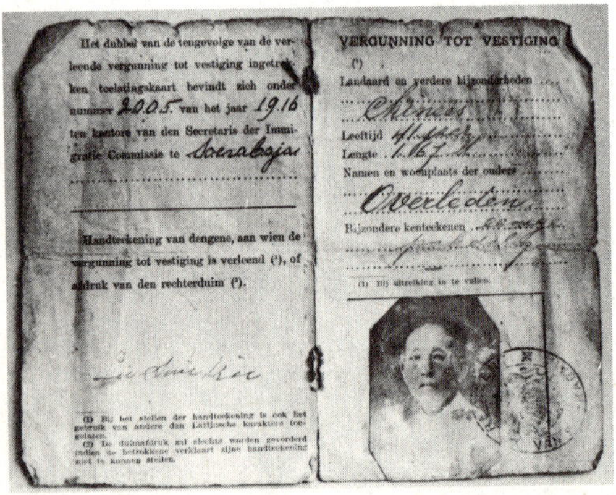
Het dubbel van de tengevolge van de verleende vergunning tot vestiging ingetrokken toelatingskaart bevindt zich onder nummer 2005 van het jaar 1916 ten kantore van den Secretaris der Immigratie Commissie te Soerabaja

Handteekening van dengene, aan wien de vergunning tot vestiging is verleend (¹), of afdruk van den rechterduim (²).

VERGUNNING TOT VESTIGING

(¹)

Landaard en verdere bijzonderheden

Chinees

Leeftijd

Lengte

Namen en woonplaats der ouders

Overleden

Bijzondere kenteekenen

(¹) Bij afstreking in te vullen.

李林养父李瑞奇的出洋护照

那荷兰殖民官员仿佛听到了天方夜谭，发出一阵轻蔑的冷笑："中国？这是多么值得骄傲啊！哈哈哈……"

"中国怎么啦？中国比你们荷兰大20倍！"小学生李秀若倏然站起，运用刚刚学到的地理知识勇敢地还击了荷兰殖民官员。

荷兰殖民官员一听，一把扯下那张中国地图，践踏在地，斥辱方老师道："先生，请你告诉这个小崽子，你们的国家已经一败涂地了！你们是东亚病夫，劣等民族；只有我们高贵的白种人才配做世界的主人！"

谁也想不到，荷兰殖民官员这么一句话竟给幼小的李秀若的心头，刻下了终生的伤痕。因为，在她的心里，每个中国人都是要为祖国负责任的。

"东亚病夫……"

"劣等民族……"

"高贵的……做……主人……"

秀若立刻联想到爹爹讲过的陈嘉庚先生。陈嘉庚做了很多有益于中国人民的好事，他成为新加坡的"橡胶大王"后，不仅大力支援祖国革命，也用自己的钱为华侨和老家福建省办了好多学校。像陈嘉庚那样的人也是"东亚病夫"吗？不！我们中华民族既然有一个陈嘉庚，就会有很多优秀的人……我们中华民族绝不是"劣等民族"！我们不做“世界的主人”，但我们一定要做自己国家的主人！

——在未来的生涯中，她无数次对自己的同胞说过这两句话，也用艰苦卓绝的行动，实践着这两句话。

荷兰殖民官员扬长而去。秀若走上前去拾起地图，用手绢擦去皮鞋印，直到擦干净了，双手捧到方老师面前。秀若的行动使脸色灰白的方老师神色有些恢复。

“孩子们，这大概是我给你们讲的最后一堂课了。”方老师颤抖着，声声泪字字血地对学生说：“你们快快长大吧，我们的祖国等着你们！”

果然，方寅老师第二天便离职了。这让李秀若顿感整个学校趣味索然，而“祖国”二字更深地铭刻在她心中。

关于这一时期的经历见闻及思想意识的长成，她在十年之后致中共中央妇委的信中说：

……因为我父亲在荷属的爪哇经商，所以我便是该地长大起来的……在那时候，我只带回来一个深刻永不磨灭的印象，那是：荷兰人对于当地爪哇人专制的统治与残酷的压迫和中国人在那里的不自由。在一个小小的心灵里，老是绕着中国人为什么不会团结？爪哇人为什么不会团结？为什么情愿受人家的压迫？为什么受人家的统治不会反抗？

集美学校，“诚毅二字中心藏”

1929 年冬，15 岁（虚龄）的李秀若高小毕业，由于经济形势的原因，李家关闭了公司，全家先后回国了。回国时李秀若脑子里全是对祖国的好奇与向往：回到祖国就远离了异族的欺压，自由与公平就在可爱的祖国。但她一上岸，就遇到了成群的乞丐，这又引发了李秀若关于民众教育的思索，她后来对老百姓有过好多不同寻常的教育作为。

位于集美中学延平楼的李林园，其右侧为李林馆

……在我回到中国不到半年的工夫，我很幸福地进了陈嘉庚先生创办的集美中学校。（李林《给中央妇委的信》）。

李秀若于回国后第二年（1930 年）秋，以华侨子弟的身份入读了向往已久的陈嘉庚创办的集美学校，先读幼稚师范 6 组，1932 年 9 月转入女子初级中学 10 组。集美学校，对她的思想建立和精神成长影响最深。

小贴士

陈嘉庚（1874～1961）：福建同安县集美社（今厦门市集美区）人。著名爱国华侨领袖，实业家，教育家，慈善家，社会活动家。抗日时期南侨总会主席。新中国成立后，历任中央政府委员，华东行政委员会副主席，中华全国归国华侨联合会主席，政协第三届全国委员会副主席等职。其一生为辛亥革命、民族教育、抗日战争、新中国的建立做出了卓越的贡献，是一位在全世界有深远影响的重要历史人物。代表作品有《陈嘉庚回忆录》等。

集美学校有 14331 种、计 45585 册藏书的超级规模图书馆——博文楼图书馆，它是陈嘉庚先生创建的我国首座侨办图书馆。李林在集美学校读书期间，培养了相当高的文学素养，奠定了她一生的文化基础。在后来给中央妇委的信中，她回忆说：

> 在那个时候，我最喜欢的是文学，我希望着我能够做一个大文学家，我经常读着屠格涅夫的小说……

集美学校一角

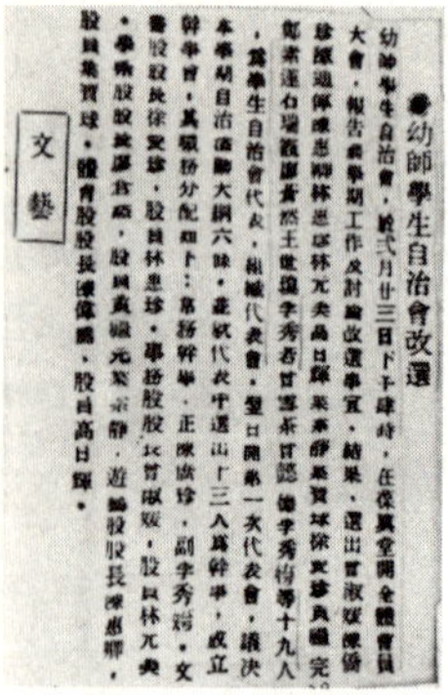

幼師學生自治會改選

幼師學生自治會，於弍月廿三日下午肆時，在保真堂開全體會員大會，報告本學期工作及討論改選事宜，結果，選出曾淑媛陳儀珍陳道輝陳惠卿林惠珍林元夫高日輝葉季靜葉賢球徐文珍吳瓊完鄭素蓮[illegible]黃然王[illegible]李秀若[illegible]李秀梅等十九人，為學生自治會代表，組織代表會，翌日開第一次代表會，議決本學期自治會大綱六條，並就代表中選出十三人為幹事，成立幹事會，其職務分配如下：總務幹事，正陳淑珍，副李秀若，文書股股長徐愛珍，股員林惠珍，事務股股長曾淑媛，股員林元夫，學術股股長[illegible]，股員[illegible]葉季靜，遊藝股股長陳惠卿，股員葉賢球，體育股股長陳偉[illegible]，股員高日輝。

文藝

有李秀若名字的集美校刊(1)

更重要的是，集美学校以“诚毅”二字为校训，这使得学校的文化建设就有了宗旨依归的意义。受时势影响，李秀若在集美学校读了大量苏俄文学。给李秀若带来革命性影响与震撼的，是巴金所译屠格涅夫散文诗《门槛》。直到晋绥洪涛山下的抗日训练班，她还时常为学员们讲到《门槛》中为国献出生命的女郎。而《夏伯阳》《第四十一》等苏俄作品中的主人公的影子，则时隐时现地与她终生伴随，她的革命者性格特点已经在此时期显露出来。在李秀若，“诚毅”二字成为她救国救民的革命宗旨。

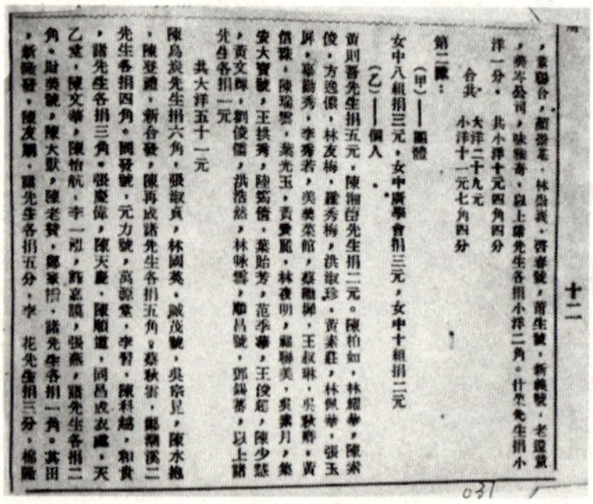

十二

……以上諸先生各捐小洋二角，什[illegible]先生捐小洋一分。共小洋十元四角四分

合共　大洋二十九元　小洋十一元七角四分

第二隊：

（甲）——團體

女中八組捐三元，女中廣學會捐三元，女中十組捐二元

（乙）——個人

黃則[illegible]先生捐五元，陳[illegible]先生捐二元。陳柏如，林[illegible]，陳[illegible]，方逸儂，林友梅，[illegible]秀梅，洪淑珍，黃素[illegible]，林[illegible]，張玉屏，[illegible]秀，李秀若，[illegible]，王叔琳，[illegible]，黃[illegible]，陳瑞[illegible]，葉光玉，[illegible]，林[illegible]明，[illegible]，吳[illegible]月，[illegible]大寶號，王拱秀，[illegible]，葉貽芳，范季華，王俊起，陳少慧，黃文輝，劉俊儒，洪浩然，林咏雪，[illegible]，以上諸先生各捐一元

共大洋五十一元

陳烏[illegible]先生捐六角，張淑貞，林國英，[illegible]，吳[illegible]，陳水[illegible]，陳登[illegible]，新合發，陳再成諸先生各捐五角。[illegible]先生各捐四角。[illegible]……

有李秀若名字的集美校刊(2)

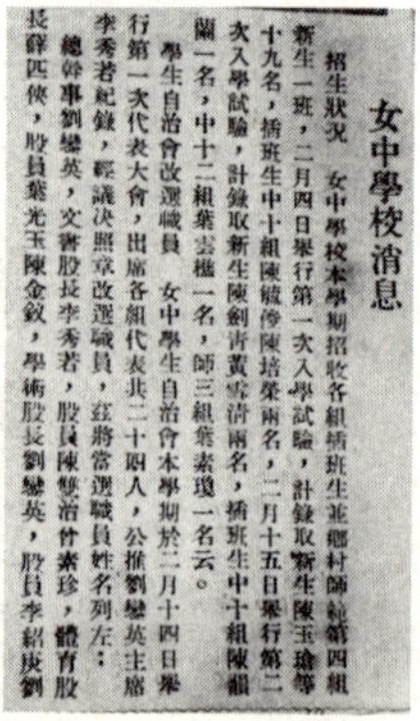

女中學校消息

招生狀況　女中學校本學期招收各組插班生並鄉村師範第四組新生一班，二月四日舉行第一次入學試驗，計錄取新生陳玉琼等十九名，插班生中十組陳毓傳陳培榮兩名，二月十五日舉行第二次入學試驗，計錄取新生陳劍青黃寄詩兩名，插班生中十組陳韻蘭一名，中十二組葉雲檻一名，師三組龔素瓊一名云。

學生自治會改選職員　女中學生自治會本學期於二月十四日舉行第一次代表大會，出席各組代表共二十四人，公推劉變英主席，李秀若紀錄，經議決照章改選職員，茲將當選職員姓名列左：總幹事劉變英，文書股長李秀若，股員陳雙治竹素珍，體育股長薛四使，股員葉光玉陳金鈫，學術股長劉變英，股員李紹庚劉

有李秀若名字的集美校刊(3)

小贴士

集美学校：是自1913年至1920年的8年间，陈嘉庚投巨资创办并发展的门类齐全、设施完善的专门服务华侨、归侨子弟的学校，包括：男小、女小、男中、女中、男师、女师、幼师、商校、水产航海学校、农林学校、幼稚园、科学馆、图书馆、体育馆、大型体育场、教育推广部、医院、电灯厂等。集美学校规模宏大、建筑雄浑、风景优美、举世闻名，是中国教育史上的一大奇迹。

在给中央妇委的信中，李林还回忆了她的另一特长：

……除了爱文学而外，还喜欢体育。因为学校里有许多和我同样是南洋爪哇来的，能够说同样的话。因此我们组织了篮球队、排球队，我们经常和外面学校学生比赛。在假期中，我们也跑到了粤属的汕头、潮州等地去和那儿的学生比赛，我们常常获得光荣的胜利归来。

体育，是李秀若平生之爱，她最终将其用到革命与战斗的一生中。

李林（前一）与同学在集美学校主花园石梯前

1931年，日本侵略军发动了“九一八”事变，侨居南洋的陈嘉庚从这时开始先后捐助祖国抗战的经费共达18亿国币之巨。集美学校自“九一八”那天起成立抗日救国会，会里又组成抗日义勇队，李秀若因凡事积极果敢，被推选为抗日义勇队的演习分队长，和另外19人当选为该校学生自治会代表，组成了学生自治代表会。时过两月，又发生了日军入侵上海的“一·二八”淞沪战争，李秀若积极参加抗日工作，并捐献银圆1元。此后，李秀若还担当学生自治会文书股长。

学生时期的李林

就这样，李林知行合一的实践，从集美开始了。

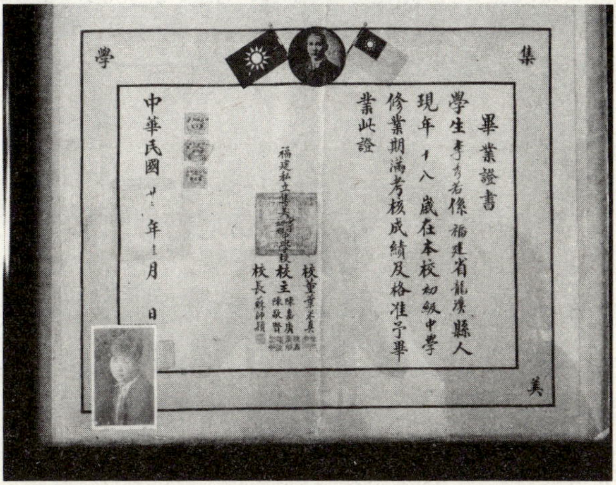

集
學
畢業證書
學生李[illegible]係福建省龍溪縣人
現年十八歲在本校初級中學
修業期滿考核成績及格准予畢
業此證
福建私立集美[illegible]學校
校董 [illegible]
校主 陳嘉庚
校長 [illegible]
中華民國 [illegible] 年 [illegible] 月 日
美

李林在集美学校的毕业证书

1933 年，李秀若进入实践毕业班。两年来，她名闻集美，同学们无不钦佩。12 月，18 岁的李秀若毕业于集美女中。

18 岁的李林（前左一）集美女中毕业时与十组学友合影

秋瑾墓前："爱生之极，进而爱群"

集美毕业，到哪里读高中？这还得重提集美。陈嘉庚先生是个爱国者，他选择明末清初民族英雄郑成功部队演武集兵的古炮、古榕、集美寨、国姓井等遗址作为集美学村和厦门大学的校址，并且刻意保护了它们，两所学校便成了爱国主义大公园。

因此，李秀若爱国思想在集美学校建立起来，她效仿楷模，从郑成功又到岳飞和秋瑾。为了学习榜样，她和要好同学刘銮英北上 1150 公里，选读了浙江省立杭州女中。

南宋著名民族英雄岳飞和近代革命家秋瑾，都长眠于杭州西子湖畔。岳飞为收复祖国失地一生苦战；“鉴湖女侠”秋瑾是近代民主革命志士，为了推翻清朝的专制黑暗统治而从容就义。他们的故事每每震撼着爱国者的心。秋瑾说：“芸芸众生，孰不爱生；爱生之

小贴士

郑成功(1624～1662)：本名森，明末抗清名将，民族英雄。明隆武帝赐姓朱，并先后受封为忠孝伯、延平王，世称“国姓爷”。1645 年清军南下，此后郑成功率部坚持抗清十余年。1661 年 4 月，打败侵占台湾的荷兰人，收复台湾。同年 5 月病逝，享年 39 岁。

秋瑾

西湖畔秋瑾塑像

小贴士

秋瑾(1875～1907):字璿卿(璇卿),号竞雄,别署鉴湖女侠。祖籍浙江山阴(今绍兴市)。性豪侠,习文练武,喜男装。1904年夏,自费东渡日本留学,与陈撷芬发起共爱会,和刘道一等创办《白话报》,参加洪门,受封为“白纸扇”(军师)。次年归国,加入光复会。旋再赴日本,加入同盟会,被推为评议部评议员和浙江主盟人。翌年再归国,在上海创办中国公学。1907年1月14日,她创办了《中国女报》。同年与徐锡麟做反清起义准备,因事泄,于7月13日被捕。7月15日,就义于浙江绍兴古轩亭口。

极，进而爱群。”意思是说：天下老百姓谁不爱生命呢？因为太爱生命了，所以我爱大众的生命！这话说出了李秀若的心里话。李秀若在杭读书将近一年，经常流连于岳庙与秋瑾墓，把岳飞和秋瑾的爱国情操和高尚志节装在她的心灵里，化在她的血液中。后来，她为国征战的行为与岳飞如出一辙；她短短一生冲破家庭束缚外出革命、喜刀枪、扮男装、学骑马、办报纸……直至为国牺牲，种种行为方式与性格特点，恍如秋瑾再世。

杭州岳庙岳飞像

“九一八”以来，时局越来越紧张，但杭州的市面上却一仍歌舞升平。杭州沉闷的空气不能满足李秀若激进的要求。1934 年学年末，秀若对刘銮英讲述秋瑾和革命者蔡元培先生在上海爱国女中的革命事迹，动员她离杭赴沪。离杭之前，秀若还是不忘秋瑾，她和刘銮英特地定制了一套“秋瑾装”：灰麻卡其布的料子，一统齐到底的长袖长袍，脚蹬一双男式方头皮鞋。就这样，以不男不女的“怪物”派头，大摇大摆走进上海小姐们的视野。

抗日干训班：当政治干部，做军事学生

按时序，行文到此应该讲李秀若到上海、到北平的故事了，但为了叙述一个统一的题意，这里提前讲讲李林（此时李秀若已改名李林）从北平到太原后，在山西省牺盟会军政训练班如何谦逊诚恳地接受军训的故事。

1936 年 12 月 26 日下午，李林前去山西牺盟会在国师招待所干训班报到，受到中共山西工委的特别安排，她以中共干部的秘密身份，和其他青年一起进入太原，作为薄一波之后中共第二批赴晋干部，她被编入专

设的女兵连——11连，担任该连的中共秘密党支部书记。虽说“秘密”，但也瞒不了那些来自大城市的聪明学员们的眼睛，大家感觉她是个官儿。军装发下来了，是晋绥军换下来的旧军衣，破烂、污秽，有的还散发着气味。这些来自大城市的知识女性难以接受，个个面含失望，捂着鼻子躲开。而李林却高兴地笑起来，顺手拿起一件旧军装，麻利地换在身上。经李林一带动，女兵们纷纷换上军装。

野外训练是相当艰苦的，女兵们身背步枪，穿着又肥又大的军装参加操练，往往半小时就累得筋疲力尽了。为纠正女兵们的俯卧的姿势，教官们常常严厉训斥女兵，有时还用穿着大头皮鞋的脚来踢她们的腿弯。女兵们就有人摇着头说：“看看，国民党的作风就是坏。”学员大多为中共党员，所以大多数学员围拢在指导员、副指导员这些负责政治工作的中共干部身边；而不愿意靠近担任军事主训的晋绥军教官。只有李林是个例外，别看她是个政治干部，却对来自晋绥军的军事教官和具有中共组织身份的政治教官一视同仁，诚恳请教，谦虚学习；李林不仅热爱军事，精神饱满，而且吃苦耐劳，体格健壮。训练中，她一声不吭，虔诚受训。她和男学员一样天天出操，苦练射击、投弹，回来常是满身灰尘，脸晒得黑红。李林对学射击尤其专注，扣动扳机时，她的眼睛就如冒火，前方的每一张靶，每一片杨树叶，都仿佛是她眼中的一个个侵华日军。每场训练，她都自觉、自动地进入实战状态。夜间，清脆的枪声总要数次惊醒战友们的酣梦，那是李林在野外燃香为靶，夜打香头；白天，归来的队列里，李林的手里总握着一些树枝树叶，那是她对自己枪打树梢的精准程度的统计。由于练习瞄准连续不停，李林的双肘磨破，结瘢、淌血，再结瘢、再淌血。淌血时，她用黑布蒙上双眼拆枪打枪；结瘢后，她在野外摸爬滚打……有的学员私下嘀咕：一个女人家，练下武艺十八般又有何用？李林觉得有必要说服不理解的队友们。在一个雨夜，她对大家讲述小说《第四十一》里的马柳特迦，讲述电影《夏伯阳》里的阿娜……"这些神枪手，可都是女的。"李林时常告诫学友们："咱们当兵打日本，就得学习人家这个。教官叫我们怎么干就怎么干！"她，一提起侵华日军就愤慨不已，一向是个激烈派，而她对"旧军人"的这种默认态度，慢慢影响着女兵们。在后来的战斗岁月，李林作战技术精湛，创造了一系列军事辉煌，都是在国民师范军政干部训练班时期，抓住机会自觉学到手的。军事教官们每看到李林的训练情景，就换了钦敬的面孔。

军政训练班出来后，绝大部分女同志担任的是地方工作，就连老红军刘亚雄，也到了地方组织，而如李林那样创建队伍带兵作战，并在正规军中一度担任职务的，绝无仅有。

李林的遗物——一件工艺笔筒

第三章　办校办班　春风化雨

平民学校的校长

现在，我们回头来看李秀若到上海的情形。

1935年2月，樱花盛开、仕女如云的上海爱国女中校园操场，骄娇二气的上海小姐们正在唱流行歌曲《情人的眼泪》——

为什么要对你掉眼泪？
你难道不明白是为了爱！
只有那有情人眼泪最珍贵，
一颗颗眼泪都是爱，都是爱……

迎面一阵风走来三五人，她们高声喊道："天呀，这是什么声音……"

来人昂首阔步走到人群前，吹着口琴，领着随她而来的同学高声唱起了《大路歌》——

哼呀咳嗬咳！（嗬咳哼）
大家一齐流血汗！（嗬嗬咳）
为了活命，
哪管日晒筋骨酸！（嗬咳哼）
合力拉绳莫偷懒，（嗬嗬咳）
团结一心，
不怕铁滚重如山。（嗬咳哼）
大家努力，一齐向前！
……

爱国女中排球队合影（后左二为李林）

上海的小姐们用异样的目光打量来人——当头这位，黑不溜秋一张麻脸，头发不但不烫，还剪成男式短发，留个中分头；身穿一种不男不女的直筒式长袍，脚蹬一双男式方头皮鞋。众人先是叽叽喳喳低声讥笑，接着就指指戳戳斥骂起来：

“哪来的怪物！”

“怪物！”

校方官员走来，小姐们一片声呼喊——

“抗议！取缔怪物！”

学校训育主任问怪物在哪里？上海的小姐们腾出一只手来指着来人，另一只手还捂在耳朵上。训育主任回

爱国女中田径队合影（后右二为李林）

身默默观察一刻，对当头一位问道："你就是刚从杭州转来的李秀若？"

"我是李秀若！"秀若回答得大方坦然，透出我行我素的气概。

在第一章里我们曾提到李林在上海"读书之外，参加了很多活动，做了很多事情"，有哪些活动和事情呢？

李林牺牲后七十多年来，人们纪念李林、学习李林时，常常提到李林的上海时期主要有两点：一是她在《读〈木兰辞〉有感》这篇作文里写出过一首表达其抗敌救国之心的好诗：

小贴士

上海爱国女中：1902 年由著名革命家、教育家蔡元培先生主持的爱国学社创办，初名爱国女学。1927 年改名为上海爱国女子中学。1930 年自建校舍于江湾尘园，1931 年高中部增设师范科。1959 年改名为爱国中学，男女兼收。

木兰替父赴战场，红妆挥戈胜儿郎。卫国何须分男女，誓以我血荐炎黄。

作文中还概括出两句壮烈的名言：

甘愿征战血染衣，不平倭寇誓不休！

由此可知，李秀若很早就树立了为国牺牲的壮志。二是她在中共上海地下党组织领导的一系列运动中，总是担当先锋，冲在前面，在整个上海扬名。

人们很少提到的一件事情，却是李秀若用心用力办成的大业绩——她用养母留给自己的读书经费开办了一所免费的晏阳初式平民夜校。

集美学校创办者陈嘉庚先生关于“国家之富强，全在于国民，国民之发展，全在于教育，教育是立国之本”的观点深深影响着她，她知道，革命也好，抗日也罢，都要动员民众，而民众的素质当然是最重要的——救民，不只是从侵略者枪口下解救老百姓，更多的是要对他们施行教育，救助他们的心灵。

秀若和刘銮英从杭州刚到大上海，这里有人人都想一睹为快的繁华极一时之盛的法国公园；有中国第一家百货公司——先施公司，先施公司的楼顶有中国第一的霓虹灯和楼顶大钟；还有闻名遐迩的“大世界”……而两个青年女生，却从华界到租界，专挑十六铺码头、苏州河沿岸等等劳工区域去察看那些面黄肌瘦、破衣烂衫扛着沉重的大木箱直不起腰来的码头工人，察看那些不蔽风雨的贫民窟…… 在挤满棚屋的贫民区和灯红酒绿的富豪区的夹缝，高楼大厦、电车汽车、行人脚夫、黄包车、小推车……

……如今，国难当头，同胞们既有学文化和掌握文化的权利，也有懂得并参加抗日救亡的义务。不觉醒的民众，怎么会培养爱国情怀呢？觉醒了的民众才知道什么是民族气节，才将是抗日的力量，才配做国家的主人！我们应该通过有组织的教育，让那些伸着手乞讨的人们懂得自爱，懂得自己属于民族的一分子。

这是1935年秋季开学后，爱国女中学生自治会干事竞选时，李秀若的竞选演讲。这时候，秀若已经获得大多数同学的信任，包括曾斥她为“怪物”的“上海小姐”们，大多数人走入她的朋友队列。她的竞选获得成功，与贾唯英、方

爱国女中校长与部分师生的合影（前左二为李林）

铭（又名胡文新，胡乔木之妹）当选学生自治会干事。

利用学生自治会干事这一平台，李秀若要干一番事业了——她点数着养母陈茶临终前留给她的读书经费，心里想着那些读不起书的平民子弟。不久，李秀若就提出以学生自治会的名义组织一个晏阳初式的平民夜校。她拉了几位朋友一起向校方交涉，获得校方的支持，将一所半闲置的平房会议室交给她们做了平民夜校的教室。商议到招生原则时，秀若提出：男女不限，年龄不限，专招穷人。秀若请陈延庆（与胡乔木同时的上海中共地下人士）任名义上的校长，自己做招生工作，还兼教员；又拉来同是社联成员的黄俪倜、周桂芳做教员。

李林(前右三)在上海爱国女中当选学生自治会干事

小贴士

晏阳初及其乡村教育实践:晏阳初(1893～1990),四川巴中人,国际平民教育委员会主席。创办全国连锁平民教育机构——平教会,是享誉世界的平民教育家和乡村改造奠基人,曾受到包括美国在内的世界多个国家元首的接见,在全世界占有相当高的地位。

平教会所秉承并实施的“四大教育”主张——中国农村的问题可归为“愚、穷、弱、私”四端,分别以文艺教育化“愚”,以生计教育治“贫”,以卫生教育救“弱”,以公民教育克“私”。

晏阳初

为了平民夜校，秀若曾三次到江湾的晏阳初平民教育学会求教、求助。第一次，得到了这里提供的免费教材，获得关于办学方法和流程的指导。

第二次，是招生遇到了困难。秀若亲自书写、张贴招生启事，然后与好友贾唯英到工人棚户区挨家挨户动员学员。那些贫穷可怜的工人给她们的答复是："饭都吃不饱，还读什么书啊！""我家毛妹要在家带毛弟，哪有时间读书！""我倒想读书，可是下班后还要烧火做饭，晚饭后还有许多家务事，完了，人都要累垮了，哪有心情去读书！"

李林在爱国女中

平教会也遇到过此类困难，他们把克服困难的经验给了李秀若，秀若依例把被动员的人群作了分类，然后根据分类，对他们进行有针对的“翻身教育”，大致意思是：正因为你们很困难，所以更应该通过读书寻到出路，“难道你们愿意自己的孩子也过这样的日子吗？”

第一期，终于招到36名学生，平民夜校办成了。

第三次，针对发展中出现的一系列问题，平教会给予了教学方法的指导，使她们的平民夜校走上正式的轨道，平民夜校开办了将近一年的时间。

就这样，李秀若这位中学生，竟然做了一个“校中校”的老师，甚至是实际的校长。

晋绥干训班，亦文亦武

一年以后，李林来到晋绥边区抗日阵地，大多数时间身任文武二职。为了叙述一个统一的题意，把她来到晋绥的英勇壮烈的事迹放一放，先选介她给一批又一批干部做老师、给一地又一地对老百姓施行教育的文教功绩。

1937年9月底，李林随同晋绥边组织抵达晋北的偏关县，担任武装部长兼妇救会（妇女救国会）秘书（负责人），组建游击队，还负责领导干部培训班。首期培训班举办在偏关文庙，开班之初，就有从临近各县选送而来的学员34人。五个月的时间里，在成功地组建成了雁北各县游击队中的模范游击队的同时，她担任干训班教员，为当地政府和组织适时配备了干部。

1938 年 7 月 26 日，李林被组织上从部队调整到晋绥边地方工作，担任组织委员兼管地方军事。主要任务是解决第一难题——人员的培训和配备。辖区十几个县上千个村，分布在经常敌情紧张的辽阔区域内，而晋绥边委只有七个人，边委需要紧急办培训班。李林和她点名调来的王尚志等助手克服种种困难，于 9 月下旬在边委驻地前榆林村开办了第一期干训班。李林负责干训班的管理——相当于校长，按照授课分工，她还承担“抗日背景与国内外形势”课程的主讲和军事课程的辅讲。教材是延安抗日军政大学的油印本，李林要结合现实详细备课。李林的助手孟允中在《巾帼英雄李林》一文中回忆说：

……干训队夜间行军转移，白天上课。为了缩小目标，避免损失，遇敌人‘扫荡’时，李林亲自组织我们化整为零，分散活动，进行自学，敌人退却后，再集中讲课。干训队没有现成课本，李林担任政治课教员，常常在麻油灯下编写讲课提纲到深夜。她还时常参加小组讨论，解答问题、听取意见；课外还和我们一块儿办墙报、打球、做游戏、唱歌、跳舞。李林乐观开朗，非常活跃。我们唱的《松花江》《五月的鲜花》《东北救亡小调》等歌曲都是她教唱的。她平等待人，热情亲切；她把学员当作兄妹，学员们都很喜欢她，尊敬她；她到哪里，哪里就有笑声、歌声。

李林马不停蹄地运动在干训班的轨道上——一期刚刚结业，下一期紧接着开始。1938 年 7 月以来，李林主持的干训班共举办了 4 期，向各县区输送了 260 多名干部，出色地完成各项任务。这对"反顽"之后边区的施政，意义重大。

在李林的文教思想中还装着另一个志愿。来到晋绥，她还是经常看见伸着手沿门乞讨的乞丐。这种现象在她幼年归国时就曾经刺痛过她的心灵。因此，李林借助各种工作机会，时常对民众实施不同形式、不同内容的文化教育，从而解救了许多童养媳之类受害妇女，并把她们中的许多人培养成为妇女干部。

抗战时期李林在晋绥边区的艰难岁月里办报的故事，更显示了她的非凡水平。日军占领晋绥主要城镇后，即出版《蒙疆日报》《日中亲善》《王道乐土》等宣传皇民思想的报纸。中共组织针对于此，很快出现了晋绥边委办的《洪涛报》、六支队办的《挺进报》。李林提出牺盟会晋绥边区也要办一张报纸。条件本就非常之艰苦，加之敌人的封锁，平时用的办公纸张都很难搞到，还能办报？李林给大家讲述秋瑾创办《现代女报》的故事，郑重强调："革命，是面对全社会的一场综合事业。对敌人来说，挫其气，胜过败其兵。对我们自己来说，我们的事业不能仅仅接收些当兵吃粮的人，要培养大众的理想，要激发大众的激情……"

"你们知道吗？对敌斗争，'纸弹'更胜于子弹。"李林说。大家笑起来，她看出大家还有浓重的疑虑——物资。她取出口琴吹起来，是贺绿汀先生于一年前所作《游击队歌》，伙伴们边听边在琴声中会心地接唱："没有纸，没有墨，向那敌占区去要！"思想通了，出路也打通了：除了把缴获的纸张和没收汉奸商铺的印刷材料用起来外，通过地方绅士和资本家的各种关系与渠道，用伪币、鸦片烟土等缴获品从大同、怀仁、朔县、口泉等敌占区，购买到印刷材料。另一困难是撰稿。李林亲自选拔文化水平较高的孟允中等人负责采访、编辑、刻版、印刷。她一边领导干训班，一边开展晋绥边各项宣传工作，一边积极筹办报纸，在边委所在地沈家小庄窝村的窑洞里出版了《战斗生活报》。除了在根据地发行外，《战斗生活报》还经常作为"纸弹"，"射"到敌占区。

第四章　投身救亡　晋绥荡寇

从1936年7月到1937年7月，从上海到北平再到太原，一年时间，南洋侨女李林，在地域上，南北横跨中华南北三大都会；在组织上，加入中共又投身牺盟会；在事业上，由一个激进青年成为一位能够执行中共政策的抗日前线军政干员。一年时间，侨女李林实现抗日三步走，她的英雄生涯就如壮阔的画卷一样展开了。

北上之路，英雄之路

李秀若为了救国救民而办平民夜校，还办得那么认真、投入，这可远远超出了一般的进步人士，中共上海地下组织看在眼里，一定要引导她到党的外围组织里来，为党组织做事。她被吸收加入上海抗青团（抗日救国青年团），走进激进的洪流中。由于在每场斗争中她都最为突出，不是领头的，便是闯关的，在全上海学生中都有了名，所以当局对学校施压，学校对她和贾唯英发出了开除的暗示。

这时候，在李秀若身上还发生了一个不幸的事件，促成了她的北上之路。

前面提到，李秀若用自己的读书经费开办了一所免费的晏阳初式平民夜校，那么，她的读书经费有多少呢？母亲陈茶临终前把秀若叫回来安排身后之事：将房产遗留给了儿子，将首饰与现金给了秀若。她的弟弟李永成有过一个回忆：李秀若“随身带去 1200 元光洋和约一斤重的黄金首饰。吴燕曾对秀若说：‘你还有弟弟永成，是否留一点给他？’秀若说：‘弟弟还小，不会使用，而我外出，不多带点不行。’”

在当时这可不是个小数目，乍一听，显得李秀若很不近人情，直到她在上海办起了平民夜校，人们才知道她胸有大志，心中有民众。

李秀若在校的全部经济来源就只有母亲留给她的这笔钱和首饰，可她生就一副豪爽性子，对人总是无比慷慨，除了不断周济贾唯英等要好同学以外，对服务人员也很大方。人们普遍敬重她，但她的性格却也容易被坏人钻空子。公寓的服务女工是她经常接济的一个人，她对李秀若所在的宿舍特别殷勤，主动给她们洗衣服、买东西、打开水，秀若时常代表室友答谢女工。一天，秀若取一段衣料赠送女工，当着女工的面打开了自己的箱子——简直是一只百宝箱！没想到，女工竟与她丈夫合谋将秀若的箱子盗窃一空。秀若失窃的存折保住了，而大量贵重首饰失去了，她得调整自己的人生之路。

“这也好，我从今往后要走上自食其力的路了。”秀若曾对贾唯英说，饱含刚强，也饱含勇气，还饱含压力。

学校要开除她和贾唯英的暗示，也是就在这时发出。胡乔木等人代表组织提出要就地安排她们，要她们不离开上海转校读书。但李秀若与贾唯英经商议，做出的决定却是北上北平。她们是这样想的：首先，北平发源了“五四”运动和“一二九”运动，这是多么令人向往的

五四运动

呀！她们要到那里寻找“最深刻最彻底的革命”；其次，报纸上说“红匪流窜至北方……”，这更增添了她们北上的信念；第三，贾唯英二哥的一位朋友是北平地下党员，由此得知参加中共地下党工作，组织上会提供保障。其实如果不离开上海，胡乔木等人能给予二人以关怀，也会解决她们的难题，她们在上海也可以革命。而二人选择了万里北上，她们的刚强人格和人生勇气，实在令人震撼。

> 我并不是羡慕大学生的头衔……我的经济条件已不容许我慢慢读完中学；另一方面，国势如此，读书又有何用？（《给中共中央妇委的信》）

1936 年 7 月 5 日，李秀若和好友贾唯英登上了上海招商局的一只小海轮，向北而去。波浪不停息地向前推涌，令她们无限憧憬和想象的未来就在前面……上海愈来愈远，一个名叫李秀若的女学生也愈来愈远，站在甲板上的，是一位名叫李林的革命青年。

李林的名字是在做出北上北平的决定时改的。“我这个‘秀若’不符合我的个性，你们看，改个什么名字为好？”同学高慧芳建议道：“你不是很敬佩列宁吗？就用列宁的中文译音，再结合你的姓，叫'李林'，怎么样？”

秀若一听，欣然接受。

一名之改，意味着一个新人的诞生。一年之后，李林也为众多追随她的塞上女子改了名，可见她的求新生塑新民的深切愿望。

到达北平，接待她们的，正是贾唯英二哥之友覃友吾。覃到前门车站迎接了她们，领她们到地安门沙滩东街，走进一个名叫大学夹道的小巷；他已经给她们联系好了一个小公寓。李林一落脚就急着要求加入“进步组织”，她强调说：“我们在上海已经是抗青团团员了啊。”而覃则慢悠悠地说：“不急呀，北平这么多名胜，你们先游览一番再说嘛。”展现在李林眼前的北平，是缓慢悠扬的驼铃，挂着厚厚的白云的前门城楼；是头戴瓜皮帽、手托鸟笼子、迈着方步的老人，是古色古香的宁静的老字号——这就是古都北平，它似乎什么都不放在眼里，把自己的精气神自在舒展。年轻的李林对此实在大感错愕，因为在她想象中，北平应该是更为激烈、更为壮阔的斗争之地。没想到，情况如此反差。

就在李林为慢悠悠的北平和快节奏的上海而使劲转脑筋的时候，覃友吾拿着两份表格，来请李贾二人加入了中共外围组织“民先”（民族解放先锋队，成立于 1936 年 2

月）。9月，李林和贾唯英分别进了各自的学校。李林入读的是北平私立民国学院政治系。入校后，李林的民先关系就被转到学校的民先组织中。转了关系，李林见到北平地下党人吕光，她问的第一句话便是："为什么北平的学生运动还不如上海活跃？"

此一问，隐含着李林的思想困惑和处境困窘。交上入学第一期学费，李林就连房租也付不上了，她只得搬到民国学院附近一间楼梯下的小过房去住。房间里只能放一张小板床和一张小桌、一个小凳。再生一个小火炉，就显得很拥挤了。寒风已起，她仍然身着单衣。每天到食堂打饭，她是吃得最少的一个。这个曾从家里带出1200元光洋和一斤重的黄金首饰大办社会事业的侠女，落到令人垂泪的窘境。

吕光闻言，像个大姐姐一样宽厚一笑，向她详细介绍了北平学生运动的全面情形，别有洞天地讲道："罢课、游行、示威，是学生运动的最高形式，不可以随便采用——要考虑大多数中间群众能否接受，还要考虑社会人士是否同情。不能图一时之快，率领少数先进分子往前冲，最终陷于孤立。党内'左倾'路线盛行时，三天一示威，五天一游行，结果是断送了可贵的革命力量，还丧失了人们的信念……"

其实，李林早已被纳入吕光的政治视线。她看出了李林的坚定性和悟性，接着引导说："小李呀，你才来，也还年轻，有些事你还需要多观察多学习。我们正在总结'一二九'运动的教训——游行示威多了不一定是好事，少了也不一定是坏事。"

李林隐隐感觉到静水有深流，感觉到了老城墙根下埋藏着的坚定与深沉——革命，需要发展，还需要转型，北平的共产党，有高人在掌舵。

吕光已经是北平地下党的一个重量级人物，也是成立于1935年的北平学联（北平市大中学校学生联合会）的重要成员。吕光决定要重点培养李林。吕光来到李林的小屋，带来两期中共党内刊物《火线》，要李林重点学习其中署名"K·V"的两篇重要文章：《肃清立三路线的残余——关门主义和冒险主义》《论北平学生纪念郭清烈士的行动——给北平同学的一封信》（K·V是刘少奇的化名。二文是刘少奇于1936年4月初任中共北方局书记时，察觉到严重存在的"左倾"问题时所写。他作了及时的拨乱反正，挽救了中共党的事业，也推进了抗日工作。）

在"K·V"领导下，"北平市大中学校学生联合会"已于1936年4月改为"北平学生救国联合会"，仍简称

“北平学联”。“K·V”领导中共北方局走上了正确的路。这同时，一大批被关押在国民党监狱中的共产党人被“K·V”设法解救，李林的抗日愿望，即将与他们发生关系。

吕光对李林讲道，北平学联正在根据“K·V”的精神进行大调整，“打倒宋哲元”的口号已经改为“拥护二十九军抗日”、“拥护宋委员长抗日”；学生活动，由向当局示威游行改为到抗日部队去进行慰劳、宣传，开始了扎扎实实的工作。

小贴士

宋哲元(1885～1940)：字明轩，山东乐陵县人，国民革命军第二十九军军长，著名抗日爱国将领。1935年率二十九军与中央军一同在长城要隘喜峰口、罗文峪与日军展开血战，获喜峰口大捷。后被国民政府授为陆军二级上将，任平津卫戍司令、冀察绥靖主任和冀察政务委员会委员长兼河北省政府主席。

李林听了吕光的阐述，又读过这两篇文章之后，她感到，北平，是如此的沉稳厚重，连那老城墙之下漫步的骆驼也重新赋予了她深沉而神秘的印象；而自己则是那样的幼稚和冲动。李林就是在这一时期成熟起来的。带着对“K·V”的崇敬，李林向吕光检讨自己，请求吕光更多地指导和帮助自己。吕光由此更加欣赏李林——难得如此一个坦荡而耿直的人，她的性格，拿得起，放得下；她对于自己的缺点，不矫饰，不回避，能够随时抛弃。这便是职业革命家应有的性格。

接下来，李林和同学们走进了二十九军进行慰问。李林主动上前与士兵们打招呼：“兄弟们辛苦了，歇会儿吧。”这样，她们开始了热烈的交谈，李林真挚地赞扬了二十九军的抗日战绩，接着询问士兵们的战训情况，询问他们的生活起居，询问官长如何对待士兵。谁都不知道，此刻的李林的肚子里有何打算。走近了士兵，看到了兵营，李林的军事梦更真切地复活，她相信自己有朝一日也要带出一队抗日的兵来。在她心里，自己离真刀真枪抗日的军事实战，近了，近了……

1936 年秋，中国发生了很多影响到中华民族前途的重大的事情。在北平，情形正在变化，傅作义发起绥远抗战打败日伪军，获得百灵庙大捷，是为“九一八”之后中国军队首次收复失地。全中国为之振奋，国共两党首领都亲自表达了嘉奖和祝贺。北平市组织了战地服务团，全国各地出现了上至国民政府主席、下至乞丐妓女囚犯均参加的“以一日所得援绥”和“万件皮衣捐绥”的活动。一位东北军遗孀自恨身非男子不能抗战，愤而自杀，遗命几十万元遗产全部捐绥。至12月底，全国各地捐款高达300万元，相当于绥远全年军费。

绥远大捷，引起全国范围抗战浪潮，成为对中共事业的支持要素。这些，都铺平了李林走进在山西国共合作抗日的道路。

小贴士

傅作义(1895—1974)：字宜生，生于山西省荣河县(今临猗县)安昌村。保定军校毕业后加入晋系，曾任绥远省主席等职。在平津战役中促成北平和平解放，1949年后曾担任中华人民共和国水利水电部部长等职务。

11月以来，上海、青岛的日本纱厂先后发生了3万人规模的罢工，日本海军陆战队直接干涉罢工事件；12月3日，又发生了青岛日军千余人围搜青岛国民党党部的事件。具有爆发意义的是“七君子”事件。11月22日深夜，当局以“危害民国罪”在上海逮捕沈钧儒等七位抗日爱国会领袖，事件引起全国各界人士的震惊和愤慨，引发了全国大营救、大声援。这时，李林对吕光说话了：“以前那样‘左倾’的游行示威固然不对，但是今日这情形，一面是国军抗战大胜，一面是政府压制抗日救国会领袖，我们做学生的还能麻木不仁吗？我建议立刻举行一次大规模游行示威！”

吕光表示赞同：“你的意见是对的，是该有一次行动了，大家都有这样的要求。”12月10日晚，吕光将一块红布交到李林手中。吕光抚着红布对李林宣布了北平学联于12日举行盛大游行的决定，讲了民国学院一校学生应做的准备。

“我们的游行队伍很浩大，需要一面红旗作前导，更需要一名勇敢的同学做旗手。大家都认为你最合适，你能吗？”吕光最后郑重地交代给李林一项重大使命，并且特别补充指出：“这是一件庄严而危险的任务……”

“我不怕，请相信我！”李林眼睛大放亮光，兴奋地回复。

这一夜，根据吕光交代的“化整为零”、“聚零为整”游行战略，李林伏在一幅北平地图上，一整夜研究。

12 日，北平学联发表《北平市全体学生示威宣言》，全市 30 余校 1 万多学生举行了第五次大型游行示威，游行总指挥为黄敬、李昌，李林担任总旗手。

一大早，吕光和李林趁校警尚在熟睡的时机，首先出了民国学院校门，冒着凛冽的寒风穿过宣武门，经过西单，直奔西四牌楼预定的集合地点，马上又分散开来。李林装作候车人的样子站在电车站，机警地观察着流动警察的去向，等候着陆续到来的同学们。时针刚刚指向 8 点，李林的目光投向近旁商店橱窗前的吕光，吕光一挥手，她迅速抽出怀里的红旗，旗杆同时从另一同学手中递到。红旗，立刻在街中心迎风招展，散在四周的远远近近的同学们一齐向她集中而来，手臂挽起，成六路纵队浩浩荡荡的游行开始了，震天撼地的口号声响彻北平古城——

“立即释放上海爱国七领袖！”

“援助上海、青岛的爱国罢工！”

“拥护二十九军将士保卫华北！”

“拥护绥远将士抗击日寇！”

“要求政府出兵收复失地！”

“要求政府与日本绝交！”

他们一路前进，清华先遣队、法商学院队，以及被打散而又集合起来的师大队都汇合而来。临近太平仓，不断有新的队伍汇合而入。

不久，阻拦游行的大队警察出现，前面还横排着上百辆自行车。

“如果我倒下了，请你接过去，红旗绝不能倒！”李林对护旗的男同学紧急叮嘱。李林这样的人，胸中总是勃动着一颗超乎于生命安危的赤胆，她的生命倒成了那赤胆之上随时可以交出去的一件附着物。

叮嘱之后，她即摇摆出“化整为零”的旗语，眨眼间，队伍消失在马路两旁。警察以为学生们怕了，散了。一转眼，却见游行队伍又在他们身后重新聚集，继续前进，口号更加雄壮。

“工农兵学商，一齐来救亡！”

“立即释放上海爱国七领袖！”

“……”

李林挥动红旗，领起了歌声。一万多人的洪流从太平仓滚滚而前，一辆传送传单的小汽车来回奔驰，雪片一样的传单从汽车上喷吐而出，散发到街道两旁的群众手里。警察终于发现了红旗的奥秘。当游行队伍由太仆寺经府右街转到西长安街时，一批警察和全身皮衣、身带警棍的“皮人”一拥而上，扑向李林，拼命抢夺红旗。李林舍命护旗，警棍猛击在她的头上，鲜血，一滴滴落在脖颈间雪白的围巾上，又洒在她怀中的红旗上。

经过激烈地争夺，旗杆被警察抽走，但红旗仍然紧紧抱在李林怀里。吕光一直远远关注着李林，当李林洒血的关键时刻，她立刻亲身上前扶住李林，同学们英勇搏斗，夺回了旗杆，李林再次把红旗高高举起，示威游行按照原计划进行到底。

游行示威最终取得全胜。下午，在景山，北平市长秦德纯接见了学生，盛赞学生的爱国热情。

“上午阻止我们，下午又说我们爱国——这是怎么一回事？”李林不解地问吕光。吕光说：“这正说明我们按照‘K·V’的精神办事，平时的团结、争取之策有成果。”

话音刚落，有人带来“中央社电”，原来发生了震惊中外的“西安事变”（又称“双十二事变”），张学良和杨虎城在西安率兵扣押了蒋介石，与北平学生的行动正巧在同一时间。消息初至，学生们议论纷纷——

“张学良在做什么？他这不是在破坏‘广泛的统一战线’吗？”

"蒋介石抓'七君子',张学良就该抓蒋介石——谁让他不抗日!"

"张学良这个旧军阀子弟,他丢了东三省,又来大西北捣什么乱?"

李林经过一系列活动,地位上升,大家都把目光投向她,看她有何态度。而她也困惑起来,她从同学们面前撤出,来见吕光。吕光传达了民先总部关于"西安事变"的宣传口径,指出:其他是非暂且不论,客观上,张学良是在帮我党的忙,我们要从党的利益出发,拥护张学良将军。吕光要求李林:"处此思想混乱的动荡时期,不但你自己思想要通,还要去做同学们的工作。"

对于李林,谁能回答她"我们不是劣等民族"、"我们能做自己国家的主人"的问题,谁就是可信赖的好党。"双十二"之后六天,1936 年 12 月 18 日,在一个典型的北平四合院,华侨女大学生李林按要求回答过若干问题之后,面对马克思画像,举手宣誓,加入了中国共产党。

在北平加入中共的李林

雁北抗日，志在疆场

李林在加入中共后数日，就被派往山西太原，参加山西省牺盟会工作，作为平津学生的先行者、中共北方局派往山西的第二批重要人士，迎着炮声上了前线。

小贴士

阎锡山与牺盟会：阎锡山(1883～1960)，字伯川，别号龙池，山西五台县人。辛亥革命中领导山西新军起义，被推为山西都督。先后参与二次北伐、中原大战等战役。抗战时期，提出“守土抗战”口号，主动邀请山西籍中共人士薄一波回晋“共策保晋大业”。

1936年9月18日，阎锡山支持成立“山西省牺牲救国同盟会”(简称牺盟会)，并亲任会长。牺盟会历时40个月历史，会员发展到300多万人，被后世评价为“统一战线历史上的一面光辉旗帜”。因阎锡山欲排斥共产党的影响，牺盟会于1939年12月底，在抗战最艰苦的时刻黯然谢幕。

牺盟会徽章

1936 年 12 月 26 日下午，李林来到太原国师街侠义巷 3 号国师招待所报到。从这一天起，共产党员李林加入了山西牺盟会，并参加了军政干部训练班，被编入女兵连——11 连。1937 年 5 月，李林提前结束训练，被调到牺盟会总会机关。7 月 7 日卢沟桥事变后，李林坚决要求到前线抗日，于 7 月 20 日第一次出了雁门关，以牺盟会大同中心区领导成员之一和中共雁北工委领导成员之一的双重身份，直奔抗日前线古城大同。

山西国民师范，牺盟会开办抗日干训班的中心

阎锡山的大同会战还没有部署好呢，日军的飞机已经呼啸在大同城的上空，准确轰炸目标。李林和伙伴们是在极端艰险的环境中工作的。她们住在大同城东南角小南头村的龙王庙，成天奔走宣传，时常遭受汉奸们的威胁。8月下旬，日军的铁蹄踏破张家口，逼近大同，雁北十三县的牺盟会特派员和大同中心区人员一起开会商议对策，李林提出：我们应该自己编练一支抗日队伍，拉进深山里练兵打游击。但大家都面有难色——谁愿意跟着我们干呢？

小贴士

雁门关与朔州、大同：雁门关位于横亘晋北的恒山西脉——勾注山之巅，是内长城九大边关之一。雁门关以北地方，俗称雁北、塞上、塞北，有山西省的朔州和大同两市。

朔州区域，在抗战时期分属西雁北和东雁北，李林的抗战活动区域为西雁北。大同是山西文化、能源与经济的中心城市。抗战时期，大同又是雁北各县的抗战活动中心。

会议结束，回到龙王庙之后，大同中心区七名领导成员继续开会，李林第二次强烈建议组建队伍。这时，她拿出一份记满人名的材料。众人看了，再无二话，李林的意见变成会议决议。原来，李林心里一直装着一个军事抗日、真刀真枪打日本的理想，她一来大同就暗中留心，把那些好青年们“记录在案”，她已拥有了相当规模的人力资源。

就在大同陷落之前人心惶惶的一个月时间里，牺盟会大同中心区以李林为主，组织起一支120多人的抗日队伍，名叫“大同农民抗日自卫队”。自卫队建立后，中心区决定由李林负责训练和指挥。9月上旬的一天，李林和张干丞进城找大同警备司令部，求对方派个军事教官来帮他们训练，司令吃惊地说：“你们还没走啊？日军一两天就要进城了，我们马上要撤退了！”大同是9月12日沦陷的，抗日自卫队于9月11日下午集合起来向南部的洪涛山区转移。一夜行军60多里，于次日拂晓到达怀仁县鹅毛口村关帝庙前的广场。由于是第一次夜行，大家十分困乏，屁股一沾地就睡着了。突然，敌机轰炸，李林爬起来一看，爆炸点距离广场还比较远，她的兵就都跑散了。李林深感自己带兵经验还不足，非常痛惜。

五天之后，他们南退到雁门关。李林二次看到雁门关，失声痛哭起来。56天之前她雄心勃勃地出了雁门关，一心要前线抗日，没想到此刻却南退而来。她迈着极不情愿的脚步走下雁门关内的阳明堡，面前出现了三个人：赵仲池、刘华香、梁雷。

三人是由中共山西省领导人薄一波亲自安排，到雁北平鲁县（今山西省朔州市平鲁区）开辟晋绥敌后抗日游击根据地的。他们北上出塞，公开的目标是组建牺盟会雁北游击司令部暨牺盟会雁北战时工作委员会；党内使命是组建晋绥边特委，在晋绥地区建立组织，拉起队伍，开辟抗日根据地。三个人分别是政治、军事、行政负责人。李林看到他们，发狂似的高兴，因为她兴奋着她又将步出雁门关外了！

“我是李林。”李林大大方方地率先自我介绍。说着话，李林一笑双眯眼，亲切，自然。

> 当时十分引起我的注意的是李林同志。这位青年女同志，风尘仆仆地，经过漫长的旅途，可是精神还是那样饱满，毫无疲劳的样子。（赵仲池《奔驰在长城内外的女英雄——李林同志牺牲二十周年纪念》）

李林提出要随队北上，一行人因为准备着要在敌后最艰险的环境中进行长期的艰苦卓绝的斗争——意志不坚定的不要，智谋不适应的不要，身体不好的不要，年龄大的不要……女的，更是不能要。因此，他们对李林的“发狂似的高兴”回复得简单而又明确：你是女同志，应当南下，不得随队。

李林哪里肯放过这次机会！她与对方兵来将挡，水来土掩，“交锋”了一番，“水磨”了一番。她说到自己在大同组建过农民抗日自卫队，赵仲池的眼睛发亮起来。李林接着检讨说，自己军事管理的经验还很缺乏，希望得到同志们的帮助……赵仲池用意不明地说：“一个女同志……”没有说完的话是：“看不出，你一个女同志，还有带兵的雄心啊？”

李林听了半句，以为他又要拿这一个“女”字拒绝她，心里一急，指着眼前的雁门关就地取材，对这个“女”字发起反攻：“赵同志不能这样说！在这里带过兵的佘太君和穆桂英，哪个不是女的？”李林滔滔雄辩，对方三人用目光开起了小会，那表情比雁门关上的风云还要丰富。他们用目光征询到李林身后的伙伴：“说说你的态度，你是她的伙伴，还是男的嘛。”

伙伴是张干丞。三十多人一路南来，历尽艰辛，几度

雁门关外广武长城

失散，最终相伴走出雁门关的，只有他们二人。因为在大同工作的五十多天里，李林和张干丞合作密切，并且谈恋爱了。

李林的目光也随着众人的目光转回到伙伴张干丞身上。她的目光，是无限的信赖，无边的温暖，是习惯性的期待。一路风尘，一路艰险，一路相伴，他们并肩克服了多少困难，而此刻给赵仲池等人一个态度，也算一个难关吗？

“……总得有人向上级复命吧？我要回太原。”张干丞回答了赵仲池等三人，也算回答了李林。李林倏然一下伸出手指直指张干丞的鼻梁，双眼冒出万丈火焰。随着手指颤抖着垂下来，双眼的火焰变成两行泪水，无言地流下来。

半晌沉寂，落泪的李林想起了自己在南洋培养起来、在集美树立起来、在北平坚定起来的为民族解放而奋斗的决心。她在西湖边对秋瑾默默表过的誓；她在爱国女中作文本上发表过的讨倭檄文；她在北平见识过的抗日军队雄风；她在太原的习武与豪情；她在大同虽然失败却也豪壮的练兵实践……这一切，难道都要随着此刻的南退而退出吗？

不甘心的她，还想起了马柳特迦。

李林直指张干丞的手指虽然垂了下来，但她那半是海水半是火焰的双眼，大约很有些状况，刘华香是一行人中的“老红军”，看看气氛不对，开口救场：“李林同志，冷静，冷静。我们重申一下晋绥战工委的意见，你是女同志，不适合随队，你……你们，应该返回太原。”说着，一行人悄然起身，迈步启行，向代县城外的太和岭口走去。

“等一等！”李林在他们身后呼叫一声，一步赶到赵仲池面前，要求说：“赵主任，我不想退，我要跟你们北上！”

赵仲池等人深深地望她一眼，谁也没有作声。李林大踏步紧跟在后，凄然而言：“你们不同意，我也要去——就算你们没有用组织的名义留我，我跟在你们的后面走，还不行吗？”

一行人停下脚步，动容地交换一番目光，赵仲池对执着地跟在身后的这个小个子女兵轻轻地点点头。李林一下子融入这个钢铁集团。

小贴士

马柳特迦：俄国作家拉甫列涅夫中篇小说《第四十一》中一位百发百中的女神枪手，后在执行任务中，与一名白军中尉相爱，白军中尉劝马柳特迦跟他一起远离政治和战争时，马柳特迦“猛地跳起来”给予激烈反对，暴怒地骂他“你这个寄生虫，软骨头！”还抽了对方一记耳光。

……在她的坚决要求下，我们没有理由拒绝她了。（赵仲池《奔驰在长城内外的女英雄——李林同志牺牲二十周年纪念》）

太和岭口有阎锡山第二战区司令长官的前线办公地，一行人又汇集了从太原赶来的二十多人，从这里领取了枪支、电台，乘坐一辆大轿车北越雁门关，一路朝北而来。朔县（今山西省朔州市朔城区）以北没了公路，一行人北上沿平鲁的 80 多公里山路步行，枪支弹药、个人行李、电台等公用设施，也分背在人们的脊背上了。走到夜晚，人困马乏，就地休息。有几个人踅过坡角撒尿，朝李林投来抱怨的目光，悄声议论起来——

“有她，路上撒泡尿也不方便了，夜晚住的时候还不知道要怎么麻烦……真是个累赘。”

“别说住了，就是吃饭也吃不到一块，就她那南方胃口？管保到了平鲁一顿莜面饭就让她消化不了。”

“俗话说，一方水土养一方人。她小时南洋长大，那是什么地方？是热带；雁北呢，到了冬天数九严寒，滴水成冰。看她怎么忍受……”

总之，在众人的眼里，一个女兵闹着抗日，不过是一时兴起而已；老赵点头同意，实在是犯了个错误。众人就

李林二出雁门关（赵静江绘图）

把目光又投到赵仲池身上。赵仲池的目光也正在李林身上，但他面无表情，大家也不好再说什么。

李林好像并不累，她背上背负的东西也并不解下，一个人站在人圈外，举头望着东山头上的月亮，她面前是汹涌如涛的群山。

我的家在东北松花江上
那里有森林煤矿
还有那满山遍野的大豆高粱
……

李林忽然引吭高歌。这天，是“九一八”六周年的第二天，这夜，不正是中秋节吗？好好的江山，好好的月亮，然而大地却在侵略军的铁蹄下变质……人们听着李林的歌声，纷纷挺直了腰身，不由自主地站起来，和李林一道望向远山。人们触景生情，疲困顿消。再起步，都向李林投去敬佩的目光。

赵仲池起身时示意了一下，就有两位身体健壮的同志走近李林，伸手要替她挎枪、背行李。李林早已把队友们的窃窃私语听在耳中，此刻她莞尔一笑，拒绝了男同志的好意，反过来替他们整理了背上的行李，昂首阔步，前行而去。

1937 年 9 月 20 日上午，李林一行人进入平鲁县城，在这里进行了宣传动员方面的工作，李林还站到长凳上进行了别开生面的讲演，当场吸引了十几位青年参加抗日游击队。

在平鲁的短短数日，组织上来不及办多少事情，而李林的收获却不少。她在这里与屈健二次相遇；还接收了一个做缝纫工的小女孩刘仙云，给她改名刘震；接收了一个小男孩二和子，给他起名王海林，二人从此跟随了李林。

屈健早在太原军政训练班时期就认识了李林，一直关注李林的情况。他来平鲁开创根据地，听说李林到了大同，和张干丞好上了。这时，屈健与李林一行人在平鲁会合，却没见张干丞，他不由得多看了李林两眼，心里有一个悬疑，有一个希望。

不到一个星期时间，平鲁也沦陷了，一行人西出平鲁，转到了偏关。

到偏关后，组织上考虑李林是个女同志，给她安排的工作是“文”的——办干部培训班。但李林有一个“武”的理想——军事抗日，她一边给培训班上大课，一边着手组建了游击队。李林的行为获得赵仲池和梁雷的支持，任命她为偏关游击队的政治主任。首批队员是县长梁雷从监狱里放出来的十几个冤案犯，有了基本人马，李林趁势活动，开始了在社会上招兵。招兵买马，扩军练兵，都不容易，但取得了老百姓的信任就都不难，李林的法宝是到群众中去。有几个例子，很能说明李林的征兵能力。

有一次李林外出调研，路经一块菜地，看见八位农民在收菜，李林向农民买了一斤辣椒，招呼菜农席地而坐，拉起了家常。偏关人的共性是和善，李林关切地问起了他们的生活情况、家庭情况；然后就从他们的和善说起，她说敌人侵略而来了，他们不可怜和善的人；还必然会有恶霸当汉奸相随作恶，我们老百姓谁勇敢谁才能保护得了自己；她讲日寇很残暴，但抗日必胜。她也讲了从古到今那些保家卫国的英雄们，当抗日的兵，将来也像他们一样光荣……起菜的男人坐在镢柄上一边抽起旱烟，一边接起了话:“李主任说得好,就像我们偏关的万世德,就是一位古代的抗日英雄,偏关人世代尊敬……”

起菜男人说着话,把烟嘴停在唇上,凝视李林。李林听出老乡话里有话:我们要当兵,那也要看跟了谁合适,你这位南方读书妹子,你自己有万世德的英雄气吗?你能带领兵士们做英雄吗?

李林适时地对他们讲起了郑成功、岳飞、秋瑾,还有自己伟大的老师陈嘉庚,还有八路军里的贺龙……“因为我们中华民族是个英雄的民族,所以他们都和万世德一样,是我们民族的英雄,我们的偏关游击队现在归牺盟会

小贴士

万世德:偏关县人,明朝大臣。万历二十五年(1597),万世德率军入朝,痛击侵朝日寇,生擒、斩获倭寇大将5名,大获全胜。万世德因此升为都察院右副都御史。为表彰万氏功绩,朝廷在偏关县举行了朝廷规格的“敕旨钦命龙华盛会”(俗名“万人会”)。

山西偏关

管，将来还要受到八路军里贺龙将军的领导!”老乡们纷纷对她点头，从她的讲话看，这是一个了不起的人物。李林看到老百姓对她的信任，就让刘震取一个小本子把他们的名字和住址一一记下，并约人家来找她谈。说着话，李林忽然感觉到身后人多起来，回身一看，远近几块地的菜农都聚拢而来——原来，她已经不知不觉开了一个菜地抗日动员会。

第二天，就有刘姓父子俩来投奔了李林的抗日游击队。

又有一次，李林带刘震到偏关城西山区中的一座煤矿去，李林仗着自己身强体壮，跟着工人爬进那狭小幽曲的窑坑背了一次炭。她和背炭工人爬出窑坑，也成了一个“黑人”，这使得矿工们把她当作了自己人。趁休息时间，她问工人一天能挣多少钱？家里几口人？日子过得怎么样？一个牺盟会的“女官”关心煤窑工人，工人们好感动！他们七嘴八舌诉说着各自的心里话。看见工人们起了热情，李林就用浅显的话语讲穷人受穷和社会不好的关系，讲社会不好国家就弱，就受日本人侵略，讲穷人的出路只有大家一起拿起枪杆子打日本，然后建设一个合理的国家。不久，13 名煤矿工人加入游击队。

李林还从群众中获得一个重大情况：由于位处黄河东岸、晋绥大通道，偏关的土匪很多。李林确定了一条肃匪保民发展武装的路线，多次带兵进山剿匪，进行分化和收编。

仅仅三个月的时间，李林的游击队有了 216 名战士。队伍练成了，带好了，被组织上编列为晋绥敌后第八抗日游击队，并且成为各游击队中的模范队伍。

那么，李林本人的本事怎么样？李林是个不怕难的人，是个喜欢挑战的人，除了上半年在太原练下的武艺外，她在偏关练兵期间，自己也有了大提高，比如骑马。俗话说：“南人行船，北人骑马。”而谈到南洋侨女李林骑马，却有一段惊心动魄的故事。

那是老红军刘华香缴获的一匹名叫菊花青的烈马，他送给了李林。此马身高八尺，颈脖如弓，长鬃如云；前胸宽阔，骨架健美；四腿匀细如铜柱四立，四蹄圆大如倒扣之碗；浑身青铜油亮，撒满铜钱大的“雪花”，此外别无一根杂毛。这匹菊花青自从被送来八支队，除了手端草料笸箩的饲养员，别人谁也不能靠近。

“我来试试！”这天，又是一番众人远远围着烈马空余赞叹的场景，刚刚开会返回营地的李林走来了。大家正要阻止她，李林已经冷不防从马的左前侧直插而进，手抓马鬃，脚下一跃，飞上马背。菊花青大怒，它双前蹄直立腾空，对天一鸣，脖颈一抖，长鬃飞扬，马身上的肉一块块跳动起来，把李林远远扔出人圈之外。摔倒之后，李林揉着剧痛的腿，慢慢站起来。战士们一片惊呼，李林却轻轻一笑，从容地说：“没事儿。想骑烈马，哪能不摔几下？”说着，她的手已经再次抓住马鬃。战士们看看劝阻无效，赶紧上前，要替她拉住缰绳，被李林喝退，她把缰绳紧紧拉在手中，如雷吼般高叫一声，再次飞上马背。战士们只得四散开来，护卫在马身边和道路两侧。

再骑再摔，再三再四；马烈人强，人吼马叫——从营房大院到街头，蹄声激荡，尘土掀天。当李林高叫一声第五次跃上马背时，菊花青扬着头长鸣一声，迈着轻悠舒缓的步子上了路。然后，菊花青的步子平稳而有节奏地徐徐加速，驮着李林一阵风般向着野外疾驰而去，身后，细雪与黄尘荡起一道烟雾。

南国侨花，塞北雄骑——李林骑马图

从此，菊花青就成了李林的坐骑，也成了她的亲密战友。李林深爱菊花青，还为此创作了一首歌，《心爱的战马》——

我心爱的战马
当黄色的风沙吹起在沙滩上
我的战马快如飞
飞过山岳
飞过平川
风啊
我和你比一比

敌寇的血
染红了我的马蹄
敌寇的头
滚在我的脚底

李林就要上战场了，在大战日军之前，她用自己卓越的能力和出色的成绩，比男同志付出双倍的努力，成了女中豪杰。

连战连捷，女英雄威震绥南

1938年的年关一过，由于绥远设立了为日军服务的伪政府，所以晋绥抗日力量遭受了严重的破坏，抗日事业进入险难时期。李林就在这时被正式任命为她亲手创建的游击队的队长。她是中国历史上罕有的女性游击队长，是唯一的华侨抗日女游击队长。同时期，晋绥敌后共产生了五个游击队，李林的第八游击队是训练最精的，为晋绥边工委直属。

2月中旬，驻大同日军集结万余日伪军对本地区抗日力量进行第一次大“围剿”，雁北游击司令部和边特委转移到平鲁指导反“围剿”，李林率领八支队执行保卫边委的任务，由偏关东进平鲁县。

途中，李林的队伍与小股伪军遭遇。李林冲在最前面，一颗冒烟的手榴弹突然飞到她的马前。李林的战马一跃而过，但她知道身后正在跟随她迅跑的战士们势必来不及躲避，一瞬间，她翻身下马，拾起手榴弹扔还到敌阵。手榴弹在敌阵的半空爆炸，吓得敌军连忙后退，己方的战士们也都睁大了惊叹的眼睛。

李林军装铜像

此番东返平鲁，与五个月前的光景已经大为不同，李林不断听到日伪军伤害平民奸淫妇女的事件，不断听到有人不得已为日伪军做事的痛苦，不断听到有些人甘心随了日伪军做汉奸的情形……李林看见，经历了鬼子欺凌的老乡们，眼睛里、面庞上，多了一层灰黄之气，一个个，都像受了伤害的孩子。李林坚决要求正面出击，打击日伪军。对此，组织上没说不可以，不过也没有给她安排战斗。

晋绥这块敌后抗日根据地引起了中共高层的重视，

中共领袖毛泽东分别于4月18日、5月14日二次致电八路军领导人朱德、贺龙等人，要求晋西北建立大青山(在今内蒙古自治区中南部，主峰海拔2338米，属阴山山脉)根据地。为了配合这一宏观战略，李林的队伍在1938年春夏期间，被组织上选中二进绥南，执行了两次重大任务：一是“配合地方工作，巩固根据地”；二是护送一个高级别工作团开辟绥南地区根据地。“配合”二字，“护送”二字，如何领会？如何把握？在那种很复杂的环境下执行很艰险的任务，组织上是没办法提出“规定动作”的。这可是李林出击战斗的天赐良机。她领命回队，结合上级交给的任务作了战斗部署。她手里的枪挥动着，她的短发抖擞着，她的战斗部署是激动人心的，战士们受到了极大的鼓舞。

此番出征，李林开赴雁北的右玉、左云和相毗连的绥远所属丰镇、凉城、和林等县，借机转战长城内外，战日伪、剿土匪、杀敌特，连连获胜。李林军事才能初展，创造了一系列著名战例。

4月23日途经右玉县境，发现威远堡附近有一个围墙又厚又高的土堡，经侦察，他们认定这是日伪的一个屯藏物资或军火的小据点。李林当即指挥发起战斗，一举消灭了看守的伪军，夺取了里面的枪支弹药。

队伍从创建以来一直都缺枪少弹，这次得了大批军火补充，个个振奋。但是，走着，走着，一个新的问题出现了——路很长，负重远行，不但不利于战事，而且闯关越线都险难重重。当队伍北行30多公里到达绥远凉城县时，李林在一片树林里召集会议，提出搞马匹的问题。她的参谋长王零余说，北地多马，也多马匹买卖，我们再往北走，就有可能遇见马贩子了。李林一拍大腿："好！咱们遇上贩马的就买马，遇上土匪就夺马！"过凉城，绕岱海，不久到了马头山下。一条河流出现在脚前，河水不大不小，水声激荡，西出群山，东流而去，这是天成河；河东岸有一个大村，是天成村。向当地群众一了解，天成村驻有给鬼子办事的一股马队，李林当即部署了一场夺马战。

李林率部隐蔽在河西岸的树林里，"恭候"到伪军出来河边饮马。马群约有百余匹，其中十五六匹驮着伪军，近河下马，马群轻松饮水，伪军们背着枪一字形松散地排在马群后面。其中两个骑马人持枪执鞭不下马，一人一头，把守在马群两边。李林朝王零余点点头，用手指一下西边一骑指一下王零余，又指一下东边一骑指一下自己。指罢，李林头一低枪声响，端坐东边马上的头目应声落马；同时，西边一骑马上的头目也在王零余的枪声中栽倒在地。树林中的子弹随之飞射而出，伪军立刻倒下四五个，其余的落荒而逃。

李林、王零余随之两路出兵，李林一路东进入村追马；王零余一路西出追杀逃敌，守村截马。李林进村后，勒马挥枪，一路又分两部，她亲带一部横枪激战，将闻声而出的驻村伪军消灭在驻地大院周边，另一部已消灭了马厩旁的两名值守伪军，将战马全部配了鞍辔，一声呼哨，带出河边。

半个小时之后，天成村里里外外复归宁静，一支新生的骑兵队伍整队天成村外。这一役，杀敌 26 人，夺得战马 120 匹、步枪 16 枝，加之其他小战所获零星马匹，共得战马近 200 匹，八支队一下变成为一支骑兵支队。

这支半路新生的骑兵部队，锐不可当，突破了敌人一道道防线，接连打了一场又一场的战斗。

出天成村，他们于当天绕岱海东边北进 20 公里夜击麦胡图，再西南转 60 公里打厂汉营，每战都如神兵天降，无往不胜。半个月时间，李林部队转战绥南，从敌人那里又获得大量马匹、武器、弹药的补给。除了满足全队战士每人一骑之外，另有十几匹成了驮运物资的后勤辎重运输队。

除此之外，他们一路不停止查恶霸、杀汉奸，斩断了地方汉奸网。不光军事取胜，同时也获得系列社会效应，安定抗日的社会秩序，给晋绥边区开辟绥南根据地之宏观大政以很好的配合。

6月，李林驰骋晋绥初战大捷之际，中共晋绥边特委决定，成长起来的雁北五个游击支队合编为雁北独立支队，一个月之后，又改编为八路军一二〇师雁北独立六支队，易名后，部队作为正规军，改属军地双重领导。值得一提的是，因李林领导的八支队发展为骑兵部队，故而改编后的独立六支队三个营之一便是骑兵营，另有步二营、步三营。骑兵营共辖四个连，每连有机枪两挺，是六支队的翘楚部队。更值得一提的是，各游击队被改编时，原队长都想随队进入正规军，组织上是不允许的，目的是要他们继续组建游击队，把乡村里那些能参军的年轻人都拉到队伍中来。而偏偏只有李林这位女队长，获得允许随队，被任命为骑兵营教导员。这时候的李林可不比八个多月之前了，她已经给组织上贡献出一支模范队伍，已经创造了巨大的抗日业绩，她的英雄壮志和能文能武的超强素质已经展现在人们面前，获得晋绥地区上上下下广泛的认可和赞赏。所以，当另外四位男子汉游击队长交出队伍继续留在地方工作时，他们对女将李林随队当军官，只有羡慕和崇敬的份。

李林首进绥南，为绥南地区抗日组织的恢复创造了条件，边特委决定，利用八支队打下的声势影响，组织绥南工作团北上调查研究，从而恢复和发展绥南根据地。为护送工作团顺利完成任务，组织上决定抽调新建的骑兵营承担护送任务，由李林带队；目标：二十边村（今属大同市左云县）。

6月下旬，李林率骑兵营二次北上绥南。按支队参谋处据军事地图划定的行军路线，李林一夜急行军70多公里，乘夜穿过鬼火沟，突破封锁线，把工作团安全送到二十边村。工作团一落地，部队就马不停蹄转移东进100多公里到丰镇县一带。这是为了配合工作团而转移敌人的注意力，也是李林主动出战的部署。这个过程，他们又连获大胜。

骑兵营到达二十边村，在丰镇游击之前，先连夜东进100公里，赶到大同常流水敌据点。常流水是位于大同之西、隶属左云县的一个战略要地。大同是华北煤电重镇，日本企业满铁公司早已占领了离此10公里的四老沟煤矿，为了护卫四老沟，并进而采掘附近的挖金湾矿，日军侵占大同之初即在此设了120多人、有两挺重机枪的重兵据点，是敌在我大同、怀仁、左云地区安插的一颗硬钉子。打常流水，是李林前次北上时就暗中设想过的。边委领导对她的请战很是吃惊，但对于一位派出的军事指挥员明确下一个“不能打”的指令，也说不出口，只好叮嘱她：见机行事，全军而归，即是功劳……

常流水村是个北高南低、东西两山夹峙的狭长村庄，村西是高耸的瞭高山。村中部一处地势较高的大院是敌据点，在此处和相距不远的另一个老财家院分别建了两个炮楼，一眼望去，易守难攻。李林经过与当地地下党员联络，掌握了情况，与王零余率部星夜驰兵，由瞭高山山口奇兵天降，经日军据点炮楼之下的庙儿坡，迅雷不及掩耳地占据有利地势。他们先攀上据点大院附近一座道观的墙上，朝据点探视，发现一个伪军手端一只大草筛进马棚添草去了。这表明据点之敌将要进入梦乡了。李林轻拍一下王零余的手臂，两人一跃而下，朝队伍一挥手，立刻用自带的轻便云梯反身扑上据点大院的屋顶。看看伪军把筛子挂在墙上要返回屋里，李林一挥手，一位爆破手将第一颗手榴弹随着添草伪军的脚后跟投进屋里，李林指挥战士同时将手榴弹分别投入据点各屋的烟囱。骤然而起的爆炸，地动山摇，据点一串屋子像要跳起来一样剧烈簸动，烟雾和灰尘从门窗喷涌而出，据点里顿时发出一片惊慌的惨叫。日伪军抱头鼠窜纷纷往院里跑，李林指挥轻机枪朝大院内迎头猛扫。

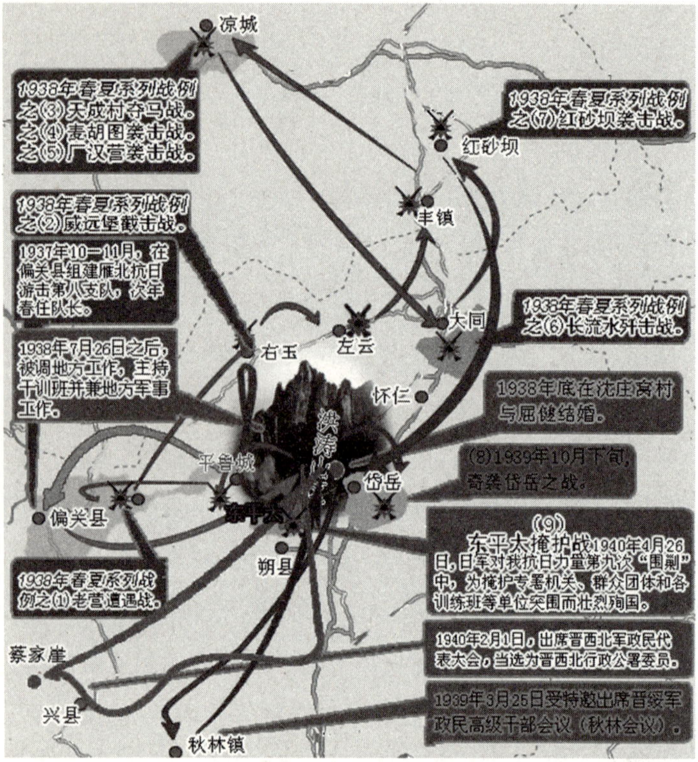

李林晋绥抗战图(王宝国编,赵静江绘)

日军炮楼里的重机枪朝向西山,发现情况,紧急调整,但哪里能跟得上来者的影子?扫射一阵,看看无效,只得弃枪而逃。半小时之后,据点里日伪军陈尸百余,轻重机枪及大量枪支弹药被"天兵"席卷而去。此一役震动大同日军总部，国共两方一同称庆，李林由此威名大震。

不久，敌人重建了常流水据点，但从此谨守严防，不敢扰民，而且，开掘挖金湾矿的计划就此打消。

满载而归的队伍，又立刻北移至丰镇如法炮制，投入新的战斗。

绥南工作团完成任务，李林部队护送他们南返途中，仍然一路寻找战机。她派出两个侦察班寻找可战之机，同时寻找给工作团的可藏身之处。每当侦察兵报回一个机会，李林就立刻把工作团安排到一个安全的小村庄，像一支跳跃的天兵，出奇兵猛袭目标。十几天时间里，他们神出鬼没，转战绥南，斩获甚丰：平绥线上的红砂坝车站驻有日军一个小队，被李林他们打得落花流水；正在圪臭沟村清剿我方的一股敌军，遭到李林队伍以运动战袭击，毙伤伪军连长1人、士兵20余人，缴获战马5匹、骡4头、驴2头及一批军用品；五柳沟袭击战，毙伤伪军3人、生俘3人、缴获步枪5枝；蓝旗马厂袭击战，毙伤敌6名、俘敌5名、缴获战马5匹、步枪5枝及军用品若干。

李林在偏关时就已熟读《孙子兵法》。《孙子兵法》云："趋百里而争利者，必蹶上将军。"而她一日一夜之中长途奔袭数百里连战连捷，战例非常"出格"，却又很合乎实际逻辑。李林用书而敢不唯书，正所谓"运用之妙，存乎一心”，倒像是从《孙子兵法》中走出来，又去模仿了汉朝名将霍去病。

霍去病一改大将军卫青稳扎稳打的传统战法，敢于率领轻辎重的铁甲骑兵长途奔袭，孤军深入，轻骑闪击，神出鬼没，杀敌之兵，震敌之心，立下打通河西走廊的历史功勋。李林率部二进绥南系列战役的胜利，为工作团创造了丰盈的时间与空间，从而得以深入摸底，杀奸锄霸，恢复了基层抗日组织。历史上，22岁的霍去病彻底回击了汉朝保守派对反击匈奴战略的质疑；现在，23岁的李

小贴士

霍去病（前140～前117）：河东平阳（今山西省临汾市）人，与其舅卫青并称为汉帝国军事双雄。他18岁时以骠姚校尉身份首战，即率领800骁骑深入敌境数百里，把匈奴兵杀得四散逃窜。在两次河西之战中，霍去病大破匈奴，俘获匈奴祭天金人，直取祁连山。在漠北之战中，霍去病再次大捷而归。《史记》与《汉书》多处记述霍去病的英勇和他的战法。

林彻底击穿了正统观念下对游击战争的诟病。穿越两千多年时光之后的手法相拟，步武相踵，形神酷肖，我们不能不感叹中国英雄的神脉绵延。

1938年威震晋绥的李林，获得中共晋绥边组织的嘉奖："骑兵营完成任务出色""完成任务出色"，当然包括"配合"和"护送"，而李林威震晋绥系列战例都是自主发动，并无上级指令。

第五章　慷慨悲壮　英雄本色

1938 年春夏间，李林威震晋绥，在敌友我三方都引起强烈反响。

敌方，李林两进两出打绥南，驻绥远和大同的日军真被她打怕了，只得无奈而欣赏地惊呼她为"顽皮女太君"！伪蒙自治政府连忙发出悬赏：有拿获李林者，立赏蒙疆币 5000 元；时过数日，驻大同日军总部又提升赏格，图形画影广泛布告：有拿获李林者，立赏大洋 5000 元！

小贴士

蒙疆币：是伪蒙自治政府于 1937 年 12 月 1 日在张家口设立的伪蒙疆银行发行的货币，在绥远地区流通。其币值在各个时期有动荡，与银元及其他地区钱币相比，币值甚低。

友方，与共产党合作抗日的国民政府第二战区司令长官阎锡山非常欣赏李林的英雄行为，一方面派人邀请她到长官公署工作，一方面通过官方报纸和电影大力宣传李林，还特邀她出席了1939年3月在陕西省宜川县秋林镇举行的“晋绥军政高级干部会议”（俗称“秋林会议”）。李林牺牲后，阎锡山还连叹“可敬，可惜！”

我方，在以“完成任务出色”而表彰了李林的队伍之后，晋西北高层政治领导人关向应接二连三发出调动指示，要调李林到后方（也就是晋西北机关）工作。

小贴士

关向应（1902～1946）：辽宁省大连人。是中共早期军政领导人。先后曾任八路军一二〇师政治委员、晋西北军政委员会副书记、晋西北军区政治委员等职。1946年病逝于延安。

奇袭岱岳，再建奇勋

1938年秋，威震晋绥的李林被调离部队，她率领边委干部边学习边战斗。

李林为了在前线抗日，坚决不到后方做官。于是，上级组织采取折中措施，对她做了离军不离地的安排：调整为晋绥边委宣传委员，兼管地方军事。1938年7月26日，李林赶赴洪涛山西麓隶属山阴县的前榆林村，向驻在这里的晋绥边委报到。一个月后，改任为组织委员，仍兼管地方军事。这可新鲜了，一个女子文武双全，身兼文武两职，从古到今还有多少？李林实在不简单。

战场上的军事奇才李教导员变成了出入农家窑洞的李委员。但李林却并没觉得委屈，她觉得只要还管着军事，便还有真枪实弹战日本的机会，组织委员照样可以带兵打仗。李林仍然没有忘记继续招兵买马，没多久，她就把晋绥边委所属的一个政卫排扩建为政卫连，全连共有

"一骑二步"三个排，又是一支小型的然而也是响当当的铁军。她在晋绥边组织委员任上，率领这支部队又打了许多仗。虽然当了文官，李林威震晋绥的势头却继续发展。

李林率领这支小部队出战的机会和以前差不多：以军事行动配合组织上的工作，帮助大部队进行军事侦察。战斗的方式，则以袭扰敌人的据点等设施为主——例如，他们曾一夜急行军 40 多公里，火力侦察敌岱岳据点，袭击敌北周庄火车站。

紧急驰援八路军一二〇师部的战斗，就是李林这一时期的一个军事杰作。

那时候，八路军一二〇师的师部，在晋西北山区地带隐蔽驻扎，随时转移。1939 年深秋的一天，李林得悉有敌军将袭击驻扎在岢岚县山区的一二〇师部，她当机立断，决定几百里急行军，驰援作战。李林点起手中的三个排，又紧急调令平鲁武工队百余人参战，于当天夜晚从西雁北的洪涛山区出发，向西南急行军。黎明时分，在岢岚县山区遇大雾，听到雾里人喊马嘶，李林即命驻马侦察，发现来者正是袭击一二〇师部的日军，立刻下令攻击。平鲁武工队承担正面迎战遭遇之敌的任务，李林率自己的小部队执行中心任务，向一二〇师部直进救援。由于出击及时，部署得当，李林成功地援救并转移了一二〇师部。平鲁武工队长王建国在战斗中受重伤，但是，他却以此为荣，每每对后人讲述自己的经历，口气中，能配合李林作战，是很光荣的事。

李林由部队调任地方工作以来，日军先后于1939年10月下旬、1940年3月中旬、4月下旬，对洪涛山抗日力量进行了第七次、第八次、第九次大“围剿”。对于李林的命运来说，这三次大“围剿”如同是一部戏的三个场次，第一场起的是震撼人心的高潮，第二场埋的是不可预见的伏笔，第三场演的是慷慨悲壮的结局。

小贴士

鸡毛信：指紧急传递的信件。最初，在无邮递条件环境下，由发信人在信封上插一枝鸡毛表示紧急，交由内部人员送达。路程远者，则由各地人员分程接递。插有双鸡毛的信件，则意味着特别紧急，是抗战时期我抗战军民多用的传递形式。

1939年10月25日早晨，洪涛山西部的黑龙池村一间窑洞，一封“双鸡毛信”送到屈健、李林、柏玉生三位晋绥边领导人手中。信上报告说，日军第七次大“围剿”共调集洪涛山周边大于我力量6倍多的2000余众，兵分七路，来势凶猛地向我根据地扑来，分布在洪涛山西麓不到60平方公里的20多个村庄的我晋绥各级党政机关、部分部队、政卫连和训练班、医院，都陷入敌人的重重包围之中。进则硬拼必败；退则被动挨打，进退两难，情势危急。

三人是晋绥边此时在家的全部领导。屈健任晋绥边秘书，是边区行政方面的头；柏玉生负责公安司法；组织委员李林，既是行政上的内务主管，又是地方军事的领导人。更重要的是，谁都知道，晋绥机关掌握的政卫连，只有在李林手里玩得滴溜乱转，战士们见到李林就笑了，倒不管打什么仗，要不要命。这时，他们唯一可用的军事力量，也只有这个政卫连。

“双鸡毛信”是我方秘密交通员杨兴元从岱岳送来的。三位领导人向他详细了解了岱岳驻敌的情况，岱岳城里城外的地形地势，李林默默点着头，微笑着安排杨兴元返回。鸡毛信传阅后，三人你看看我，我看看你，两个男人都把目光集中到李林的脸上。李林黑着一张脸，一言不发，望着窗外。之后，李林回过头来，一字一顿字字如钢地说出 12 个字——

主动出击，围魏救赵，奔袭岱岳。

一张大纸摊在一盘土炕上，三个人你勾一笔，我划一圈……自何处连夜突破敌人封锁线，到几点钟突入岱岳镇，怎样攻击敌据点，如何奔袭火车站，谁来攻打伪政府……一时间，竟然画成一张临时作战图。风险与困难不能排除，但方案合乎军事法则，也合乎此时此境的要求。

“如果敌人不上钩呢?”柏玉生凝思片刻，不放心地发问。

“这就全看我们身临其境的本事了。”李林在刚画成的地图上，又指点出几个用兵重点，又把屈健担心的大同日军铁甲车返回的时间，与他们的战斗计划仔细研究一番。屈健、柏玉生立起身来，四掌对拍，与李林笑起来。

10 月 25 日下午，数千敌军分别从六个据点同时倾巢而出，分兵七路向洪涛山扑来。山头上布满了日军的黄帐篷，他们烧起了一堆堆的火，更增加了恐怖气氛。“围剿”总指挥井首骑着大洋马奔驰在各个山头之间，仿佛他随时都要把脚下的大山蹬个窟窿。

几乎同时，屈、李、柏三人率政卫连 120 多人从平鲁与山阴边界的黑龙池也出发了。他们的队伍一律斜背步枪，左臂系一条毛巾，作为识别标志和联络暗号。他们借助熟悉山路的优势，巧妙地穿过一道道日军封锁。夕阳西下之时，队伍登上娘娘山俯瞰岱岳镇，只见日军的火车不时地通过，据点里的守军晃来晃去。

根据观察所见，三个领导人在娘娘山上进行一番详细的再部署：李林率机枪排攻打敌据点，以控制敌主力，这项任务最险最重；屈健率三排攻打敌火车站并切断铁路，以施加对敌整体压力；柏玉生率二排攻打岱岳市镇的伪机关，并向镇北通向陆家窑方向布防，以为战后退路。

一场激战就在当前，120 位战士在娘娘山饱餐一顿，养精蓄锐。

26 日拂晓，政卫连如尖刀般直插而下。天色未明，部队一夜急行军近 50 公里，如神兵天降，直杀向同蒲铁路上日军物资重镇——岱岳镇。

在娘娘山部署时，他们曾确定三位领导人在铁路两侧利用地形建立指挥所，但当行动在前面的李林机枪排经过拟定的指挥所时，李林喊了一声："我前边走！"没等屈、柏答话，她已带着机枪排一阵风越过铁路奔向敌据点。这样，屈、柏二人也放弃了使用指挥所的安排，亲率部队冲杀进城。

李林率部主攻的敌据点是一个约有 300 平方米的四方院子。四面的大土墙有 7 米多高，四个角上各盖一个炮楼，大门朝东，前后两个小院。李林神枪快马，随手击毙哨兵，同时把队伍正面摆开，她亲手操起一挺机枪，一阵风跃上据点对面的屋顶，将机枪架在屋顶烟囱上向对面炮楼猛射。

片刻之间，全排机枪分别对着炮楼的四个角激烈吼叫。听到李林这边打响，屈健的队伍在火车站开了火，柏玉生部以伪镇政府为主要目标，在北部大街上开路出击。当李林机枪排把据点里的火力彻底压下去之后，岱岳镇上的枪声正在声势强大，战况激烈。两部在各自的战略区域都没遇着强硬对手。镇政府的汉奸，值勤在火车站和巡逻在大街上的敌军，遇天兵突降，他们不知虚实，散的散，藏的藏。各处守敌不知来了多少八路军，完全慌乱。驻岱岳日军小队长西野，一上午可做的事情就是摇电话机。

纵贯山西的南北交通大动脉同蒲铁路全长 862.7 公里，太原以北为北同蒲线，岱岳车站是日军北同蒲线的军事、物资重要枢纽。此处有失，北同蒲将全面瘫痪，日军整体战略将遭受重创。大同日军总部接到岱岳求援，极度惶恐，立即派部队乘铁甲车支援岱岳。但是，岱岳城北的几段铁轨早已被屈健与柏玉生他们七东八西地扔到沟里，开近岱岳的铁甲车只好北退至北周庄车站。于是日军又从大同派出两架飞机前来助威，但因双方处在混战状态，敌机派不上用场。总部只得加快速度把派出的“围剿”大军全部调回。我军围魏救赵的目标就此实现，敌对我第七次大“围剿”，被成功地粉碎了。

当日军的坦克、火车滚滚而归的时候，眼看着敌机在天空盘旋而去，李林等吹响昂扬的冲锋号。敌小队长西野听了，以为八路军又增兵了，吓得心胆俱裂，把电话机摇得火星直冒，他的眼珠子都快要砸落到电话机上了。而李林他们的冲锋号是内部约定的撤退信号，各部在冲锋号声中分头跑步急行军 22 公里，神出鬼没地撤出到岱岳镇以北的陆家窑山头。

一场大“围剿”被成功粉碎，小部队打出了大手笔。事后，李林撰文发表于《抗战日报》，报纸还加了编者按：

> 作者李林同志，晋绥边区委员会委员。她在抗战后曾率数百边区健儿挺进边区，出没于敌后方，屡次打击日寇，巩固了晋绥边区抗日根据地，建功甚伟，特于此为读者介绍。

在“秋林会议”

1939年3月25日，陕西宜川县城以北30里的秋林镇，龙吟沟沟口大礼堂，“巩固国共两党精诚团结”的隶体横幅高挂主席台上方，国民党党旗分悬两侧，旗下并排悬挂孙中山和阎锡山画像，“第二战区军政民高级干部会议”——史称“秋林会议”——正在举行。

国民政府第二战区军政民高级干部会议（秋林会议）会场，李林以特邀代表身份参加

会议主持人宣布了会议的中心议题：报告抗战形势，检讨过去错误，决定今后工作的目标、路线和方法。

接着是阎锡山讲话，他说：“武汉失守以后，抗战越来越困难，二战区削弱了，只有共产党、八路军壮大了。现在我们要自谋生存之道。”接下来推出的方案是：取消新军的政委制度，文官不兼军职，研究“统一编制、统一训练、统一指挥、统一人事、统一待遇”的“五统一”方案——也就是将新军指挥、管理权归并到统一的晋绥军体制中来。

会场出现了长时间的冷场。为了打破冷场，有人寻找理由，指出“牺盟会、决死队成分复杂”（意指存在中共组织），指责新军和八路军以及地方游击队“游而不击，空耗粮饷”，还有“狐狸变不成美女”之类刺激性言语。对此，共产党方面的人士当然不乐意了。怎么反击呢？

一位坐在中后位置的背着大沿草帽的小个子女兵起立发言。她在天成村夺马战，她在常流水拔据点……她亲身经历了一场又一场枪林弹雨中的战斗，一次又一次地出生入死。她激动起来，义正词严地质问：“我李林在晋绥被敌人悬赏 5000 元大洋，而回到我们自己的会议上，却变成了‘游而不击’！”李林的发言，使反对派感到突然，纷纷调整表情，交头接耳起来。共产党人士适时响起掌声。掌声落地，李林再次起立，二度发言，直逼阎锡山本人：“牺盟会和决死队是按阎主任（阎锡山于 1932 年 2

月 27 日就任国民政府太原绥靖公署主任)的‘守土抗战’主张办事的,他们这样不负责任地乱发言,把阎主任放在哪里?”

两派人物把不同感情的目光从李林身上收回,又都投向主席台上的阎锡山。李林第一次发言,阎锡山脸上红一阵白一阵,两条浓重的八字眉一跳一跳;李林第二次发言,阎锡山微闭双眼,默然无语,手中捏着的一支笔缓慢而有节奏地敲击着桌面。

阎锡山召集“秋林会议”的目的,是想重新控制中共领导的山西牺盟会和山西新军。新军同属晋绥军体系,是自 1937 年 8 月起,在薄一波来晋掌控了牺盟会之后,以牺盟会为基础而建立的山西青年抗日决死纵队,所以,它与八路军一样,虽说按例均由阎锡山统率和供养,但却是在统一战线条件下由中共组建并领导的军队。其次是牺盟会,它也和新军一样,名义上属于阎锡山山西体系,实际上由中共领导。阎锡山希望消除八路军和新军中的排阎政治气味,恢复到以前的“统一”状态,这就是秋林会议的目的之一。

秋林会议是高级干部会,与会规格是军队师长和独立旅旅长以上军官、各区专员及保安司令以上行政干部、公道团主要领导干部、牺盟会各中心区秘书。以中共为核心的牺盟会与新军方面参会的有薄一波、续范亭、牛荫冠、戎子和等。李林不在“高级干部”范畴，她作为唯一的武装女代表，受会议举办方的特邀而千里赴会。

李林说倒了反对派，中共方面，薄一波、续范亭及纪雨秀等重量级人物相继发言。李林在这次会议上对于中共方面的支持作用有多大？可以说，她这位特殊的基层干部，直接帮助了中共山西领导人薄一波。

秋林会议以排共限共为目的，却还特邀了中共党员李林。谁特邀的？显然，会议是阎锡山方面召集的，与会名单自然由他确定。显然，名声在外的女英雄超出了党界，她已经是一个多元成分的民族抗日者符号。这一点，阎锡山本人的态度足以证明。作为山西首脑，阎锡山对李林早有关注。在阎看来，李林是自己创办的牺盟会在地方机关的宣传委员，她当然也是自己的部下。李林转战晋绥的威名传来，阎锡山向自己的部下作了调查，并发动媒体宣传。不久，一位《牺牲救国报》记者从太原来到雁北，作了多日的“战地采访”。这位记者借采访之机，对李林暗示了一个意思：你若想调到长官公署工作，我可以帮忙向阎长官转达。

秋林会议第一天的会后，阎锡山对王靖国、赵承绶等属下不满地说：“你们看牺盟会、决死队有多少人才？

从牺盟会能挑出几十名可出国到国联当大使的人来。而你们就不如人家，不学习不行。”给属下训话后，阎锡山就在他的住所接见了李林。纪雨秀等中共人士提醒李林：“你在会上打击了他们，会不会有什么不测？你可以回绝会见，理由就是职位不相称。”李林说：“我们是国共合作，他还能把我怎么样？只要我的行动以公开形式就成。”

阎锡山侍从长张逢吉来到龙吟沟会议代表住所，续范亭和纪雨秀指着张所牵画眉毛驴告诉李林，这是阎长官在秋林的坐骑。他们与张逢吉打过招呼，目送李林乘驴而去。

从龙吟沟出发，东出秋林 10 里，到官庄村，来到一排窑洞前。李林被张逢吉引到一门三孔窑洞，穿过中间堂屋进到二进中堂的大客厅，门口士兵斟茶退出。阎锡山缓步而出，口中说着“欢迎欢迎”，出堂落座于李林对面的绳制靠背椅上。阎锡山特意望一眼李林面前的茶杯，用五台土话说：“难得华侨女英雄到了，怎能拿国内的土物招待哩。”说话间，亲自为李林泡了一壶茶。李林端起了茶杯，这是一种来自印度尼西亚爪哇岛的漂亮的整叶茶，名叫塔隆茶。那金亮纷呈的毫尖，富有印尼风味的芳香的茶汤，一下子把李林的思绪带回到幼年华侨时期父亲的客室。她心里一阵涟漪，五味杂陈，抬头看见阎锡山和蔼亲切的面容，连那两道浓重的八字大眉也显得别有人情味。一种年老的前辈那种人情温暖，像雨后的湿气一样从对面弥漫而来，李林心里某个细微的地方轻轻抖动了一下，她想起自己的父亲，一个具有民族情怀的侨商，一个头发稀疏的中年人，那不够完整但也一度温存的父爱……

阎锡山

就在李林迷惘间，阎锡山和蔼地询问起她的侨居生活，在晋绥的工作情况，在雁北的工作生活情况……李林有问有答，简单利落，铿锵有力。阎锡山关切地说李林在雁北过着“苦寒生活”，李林回应道：“一想到日本鬼子骑在雁北人民的头上，什么苦寒都不存在了。”关于侨居印尼，李林回复得比较多些。她说了自己父亲是个什么样的老华侨，华侨老教师因什么事被开除……她特别加重语气讲了学校里有个荷兰殖民官员说过怎样刺激人的话。话到此处，李林按捺不住心底的激愤，她对阎锡山期望地说:“阎主任,请允许我代表晋绥抗日战士们,期望我们国共合作到底,一定要把日本鬼子赶出中国去!”

“那是,那是……”阎锡山似乎不想与李林探讨大事,他闭了一下眼睛,转换话题道:“你乃华侨女将,来我三晋,盖非易事,我晋人皆应以护惜为意。你有甚困难,说出来,我给你办。”

身边人接话道:“雁北的条件是很苦的,李小姐如果不适应的话,请阎主任把你调回省府,长官公署需要你这样的人才。”

阎锡山把头向后仰了一下,双眼微微眯上。李林端起茶杯,缕缕茶香沁人心脾,她心里一松,联想到了阎锡山抗战的许多传闻。她深呷了一口塔隆茶,抬眼处,这宁静而不失温馨的窑洞小屋,猛然间又使她联想到马柳特迦在阿拉尔海岸吉尔吉斯村落那个温暖的帐幕。在这里,白军中尉想共享马柳特迦的诗,马柳特迦说“你血管里是贵族老爷的血”,哪里能听懂我这写穷人的革命诗。中尉说:“也许我并不关注你写的内容,但是人与人之间总该有沟通理解的地方的。”就这样,红军女战士与白军中尉不知不觉地谈论起诗歌艺术来了……想到此,李林的政治警觉一下回到她的身体里,她把茶杯放下,说:“多谢阎主任的关怀，谢过二位。我哪里也不去，我要坚持前线抗战。”说罢，起身告辞。阎锡山见李林去意甚坚，挥挥手，有人取来一把八音手枪，阎锡山把手枪赠给李林。阎锡山接见李林之后，官方媒体《牺牲救国报》和《阵中日报》分别推出女英雄李林专版。这之后，李林的名声扩展到了整个山西军政界以及文艺界，甚至全国。

危急关头，舍己殉国

谁能想到，奇袭岱岳凯旋之日后，李林的生命只有183天的时间了。

在这短短的日子里，晋绥以至晋西北风云翻滚。主

小贴士

反顽固：指抗战时期山西国共合作破裂时的1939年底，中国共产党对山西当局的政治军事斗争。山西国共合作起始于1936年底，结束于“反顽”之后的1940年元月。

要的有两点：一是日本南进派掌权，要把大兵拉到东南亚，所以加大力度对我抗日力量频繁“围剿”，以期安定他们的占领区；二是中共领导的力量要在国共合作范畴进行“反顽固”，建立自己的晋西北政权，斗争和建设的任务加大，压力也加大。有此二者，李林所处的环境极度恶化。

1939年12月28日至1940年1月1日，晋绥边区一齐枪响，李林奉命率部参战，抓获阎锡山任命的政府县长、科长等人员190人，缴枪近100枝。1月15日，在日军松散包围的地盘里，中共晋绥边委在洪涛山西北侧的

小贴士

晋西北、晋绥边区：晋绥边区是抗日战争时期中共领导的革命根据地之一，包括山西省西北部和绥远省东南部广大地区。1937年冬，八路军一二〇师进入晋西北，扩大根据地，称为晋西北根据地，“反顽固”后，建立晋西北行政公署，此后的晋绥边区，为晋西北政权之一部分。

红崖村(属平鲁县)召开“反顽固”胜利祝捷大会,当地中共组织和当地百姓共1500余人参会,“极端顽固分子”15人被处死。之后一个月,2月1～3日,在中共领导的晋绥边区首府兴县蔡家崖村,隆重召开晋西北人民代表大会(又称晋西北军政民代表大会),李林被推选为参会代表。

李林最高兴的是此次参会能有机会见到贺龙。她读到过苏联小说《夏伯阳》,还看过同名电影,非常崇拜作品主人公夏伯阳这位英雄。到雁北参加抗日以来,她称贺龙是“中国的夏伯阳”。

小贴士

贺龙(1896～1969):中华人民共和国元帅。1914年加入孙中山领导的中华革命党,1927年8月1日任南昌起义总指挥,加入中共。为中共晋西北抗战根据地主要创建人,抗战中先后曾任八路军一二〇师师长、中共晋西北军政委员会书记、晋西北军区司令员。新中国成立后,任国务院副总理等职。“文革”期间遭受迫害,1969年6月9日病逝于北京。

李林是参会女代表中曾任军事指挥员的唯一一人，是早已闻名的女英雄，她一进会场，全场代表纷纷自动起立，向李林包围而来，她好像是所有人的久别重逢的老战友。李林的两只手被无数人紧握，操着各地口音的“女英雄”的喊声响成一片。分组讨论时，李林自然有丰富的发言，比如：永远要建立一支打不倒、拖不垮的游击武装；要用真情和人民群众相处……但不管她讲多少，大家还是意犹未尽，好像李林的肚子里一定深藏有百战百胜的秘诀和神奇的法宝。于是，李林就被各种走访包围起来。三天的会期，李林是个持续的轰动焦点。每天会余时间，李林的住处像个新闻发布会会场，成了整个大会最热闹的地方。有许多手捧笔记本的文字记者前来，也有一位脖子上挂相机的摄影记者跑来摄影，还有很多人都要求与她合影。

贺龙接见李林，是在行署成立后的第一次委员会上。贺龙一见李林就欢迎道：“我们的女英雄，听说鬼子听到你的名字都怕呢，了不起！”他向在场的人们感慨地介绍：“这是我们的女英雄！一个女同志，归国华侨大学生，来自大城市，能带着骑兵部队与日本鬼子作战，打出了威风，很不简单！值得大家学习。”说着，越来越多的人涌来，贺龙就让李林骑上菊花青战马在山坡上奔驰飞跃了一回，算作对大家的一并答复。

贺龙热切地挽留李林在晋西北机关工作，但李林还是坚定地表明自己要回到雁北前线。贺龙无奈，只得放行。临末，贺龙恳切嘱咐她要提高警惕，要注意防身……再三保重之后，贺龙赠送李林一枝八音手枪。苏谦益、张国声等晋西北高层人士都会见了李林，张国声还送给李林一支山西造驳壳枪。

李林（右前）出席晋西北军政民代表大会，与中共高级干部在一起

大会产生了晋西北行政公署，李林当选为行署委员并兼第十一专署（原晋绥边区范围）秘书主任。李林被更大范围的人呼为李委员了，但此时的李委员和前一年半以来的李委员是不一样的。之前，她是调离军职的党组

织委员；此刻，她这个行署委员是个连党内职务也已卸去的纯行政干部。

李林北返晋绥的第二个月——1940 年 3 月，日军对洪涛山抗日力量进行第八次大“围剿”。被“围剿”的我方，正在另起炉灶后独撑危局，一方面是政权与部队缺人，另一方面是吃穿用度缺乏。困境中，中共晋西北高层作出指示：向老百姓大规模进行“四项动员”——要粮食、要现金、要军鞋、要兵员。没多久，老百姓也都穷了，军民上下吃了上顿没下顿。就在这时，1940 年 2 月 29 日起，日军调集兵力 4000 余人，分六路包围了洪涛山根据地。根据地机关和团体组织仍然采取分散突围的策略，基本上突围成功，但 11 名妇女干部和 5 名部队伤病员在张崖沟村的煤窑里被敌人用毒气弹杀害了。

这 16 位受害人当中职位最高的是晋绥边妇救会秘书李桂芳，她和丈夫李登瀛是从延安来的，来晋绥之前，李登瀛是中共中央党校的总务长，此刻是中共右山怀中心县县委书记。而此次的张崖沟惨案直接影响到下一次反“围剿”的策略，影响到李林的命运。

4 月下旬，日军对洪涛山抗日力量的第九次大“围剿”逼近了。此次，敌我双方都吸取了前次的教训，有了大改变：敌人鉴于前八次出兵数千人进行“围剿”均告失败的教训，此次共调集同蒲、平绥铁路沿线日伪军警各种兵力12000余众，兵分三路扑向洪涛山区，其兵力之众，来势之凶猛，都是绝对空前，出人意料；我方则鉴于前一次“张崖沟惨案”的教训，采取了集中突围的策略。

25日夜里10点多钟，晋绥边委领导人赵仲池、新任边委军事部长姜胜和新任晋西北行署委员李林率所部700人在洪涛山北麓的乱道沟村（隶属平鲁县）集中，等候一二〇师雁北独立六支队步三营300人从西北山沟会合而来，1000人的队伍准备进行大转移。但步三营迟迟未到，耽搁了三个小时的时间。

这段时间里，李林在做什么？由于曾在中央特务队当过直接服务毛泽东三年之久的班长，现任军事部长姜胜是新来的，不熟悉情况，而李林在晋绥地方以善于用兵闻名，所以李林担当了反“围剿”军事指挥员，她在部署部队间隙，还抽空给右山怀县王焕光县长写了一封指导转移的信；也给自己的丈夫屈健写了一封信，因为屈健近日生病，李林在出山担当反“围剿”重任前，先把他送到窝棚沟村养病去了。信写到末尾是这样的：

我写到这里，我们的孩子又在乱动了，但我会保护好他的，请你放心……

哦，面对危局有担当的李林，原来有孕在身……

云团飘过，清亮的月光照在静寂的山川，会合后的队伍直至 26 日凌晨 2 点钟才从乱道沟出发。这个时间对于后来的战局关系甚大。月光下，赵仲池和李林对大队伍作了战前动员和行军指示，李林激昂地说：“同志们，敌人从四面把我们包围起来了，妄图消灭我们这些抗日力量，我们一定要打出去，突出敌人的包围圈。前边有我们的主力步三营，后边有我们的政卫连警卫着，大家放心。在行军中一定要服从命令听指挥，不准掉队，不准拉下距离……”

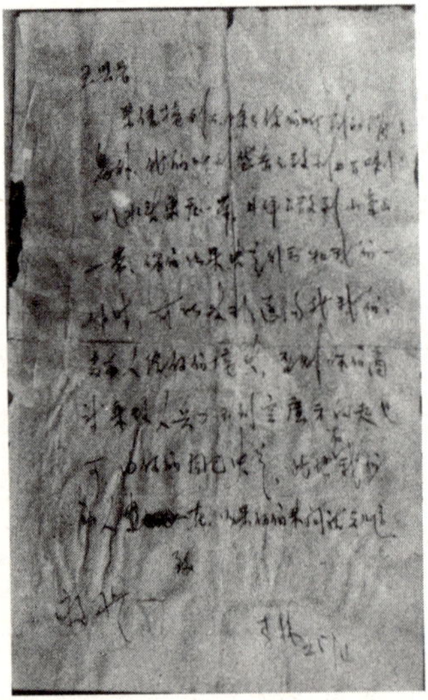

李林牺牲前数小时的手迹

起风了，星月隐隐，道路迷茫。在大山中，队伍呈一字长蛇阵向西北部山谷中前进，在陶小峰附近的山沟与步三营会合为千人大队。按照会议部署，步三营为前卫开路，姜胜、李林带政卫连作后卫，保卫走在中间的专署机关、群众团体和干部训练班等既无战斗经验也无武器的大队伍前进。

行军 20 多公里，到了一处沟岔路口，一阵密集的枪声隐约从南山头传来，划破了夜空的宁静，队伍被迫改变方向，向后左前方东平太村前进了。行不多远，南北山头的敌军开了火，占领了制高点的步三营忽然消失了，而机关和团体等 700 人大队处在山沟。与步三营断了联系，陷在包围圈里的大队人马的保护力量只剩下一个政卫连。再西行数里，到了东平太村街头，天色未明，原地休息。此时，小钢炮的声音持续不断地从东南方向传来，是乱道沟村西南台墩山的敌大队开火了，东平太南北两部敌人也同时开火。枪炮声远近呼应，困在东平太的队伍腹背受敌，情况万分危急，在震耳欲聋的枪炮声中，数百人眼巴巴望着在场的四位领导：赵仲池、郑林、姜胜、李林。首脑赵仲池和组织部长郑林二人均为政治人物，于炮火危局，一时难有长策；新任军事部长姜胜的目光投向李林，李林与赵仲池、姜胜简短商议，分析敌情后做出突围决定：敌人的既定目标是包围乱道沟村，所以火力以东平太东南为最重，东平太村西、村西南有一定的缺口。最佳的突围方案是派政卫连中的骑兵排向东冲击，冒死吸引并阻滞敌人的火力，以掩护队伍向西南突围。

那么，谁带东进部队吸引敌火力？谁带余部掩护突围？赵仲池的目光在姜胜和李林之间打转了两个来回，李林的目光投向骑兵排战士，骑兵排战士们的目光也都迎向李林——昔日的李教导员，今天的李委员，他们永远的“大姐将军”。此时的李林，雕塑般站在东平太村街头的抗日干部之中，她双手叉在腰间，驳壳枪斜挂胸前。李林抚了抚自己已有三个月身孕的腹部，朝着南山，面无表情。她用叉着腰的右手伸向腰间的武装带，取出那只阎锡山所赠的八音手枪。“咔啦”一声，她熟练地打开了弹仓，一粒子弹跳出她的右手掌心。她把它端在脸前凝视片刻，然后在手里紧紧握了握，重新装回弹仓。小手枪重新回到腰间，她掉头回顾，从骑兵排中叫出一位年仅15岁的小战士，指令他骑马保护女干部于洪漪随机关突围，她把小战士的半自动步枪要到自己手里。姜胜见状，说了一句“我负责打掩护吧……”李林短发一甩，已经跨上了菊花青，用从未有过的洪亮之声说：“我来吧！这个部队我熟悉！”

赵仲池和姜胜似乎都有话要说，李林打断道：“就这样吧，没时间争论了！”随即高高挥动驳壳枪下达命令：“骑兵排兄弟们，跟我来！”

骑兵排早已在李林身旁待命，他们的情绪很亢奋。他们关注的不是如何安全突围，而是能否再次跟随李林打一场大仗。战士们听到李林的召唤，一个个都跃身上马。李林一手把步枪竖立在马脊梁上，一手挥动驳壳枪，发布简单的训令：“我们的行动是要吸引敌人的火力，掩护大队伍同志们突围。”

“我们平日里不是常讲不怕牺牲么？现在到了考验我们的时候了。记住了，打到最后关头，谁也不能当俘虏！”李林又说。她一马当先，率领骑兵排驰返东大沟，一支小小的骑兵队伍杀声震天，弹火横飞，打出浩浩荡荡的气势。就这样，一场36骑人马吸引12000敌军的惨烈战斗开始了。李林带队向敌火力的中心冲锋，他们猛烈的气势似乎要穿透敌人的炮火之阵。南北山头之敌虽兵力甚众，却对如此猛烈的出击方式毫无防备，日伪军观其阵势，以为所包围的对象或者一支重要的解救部队全在里面了，赶忙将火力重重集中到这条狭长的东大沟。这时，敌人抢先占据了东大沟中部的两翼山梁，机枪夹着小钢炮的火力猛烈射来。一时间，以小钢炮、机枪为固定封锁火力，以步枪为移动穿插火力的强大火网漫布于前后三山两河之间，震天动地的枪炮声似乎要摧毁巍巍群山。但李林连眼都不眨一下，左右两支枪的子弹都打光了，她就投一个手榴弹，趁着手榴弹爆炸的时机，换梭子再打。在敌人包围到里外四层、炮火最猛烈的时候，李林一抖双缰，双脚站在了脚蹬上，用步枪高姿势还击。她凭着高超的枪法，一弹一敌，竟减缓了敌人包围的速度，增强了己方的安全。

敌人紧急调整火力，两挺机枪摆在正前方，喷射的弹火封锁住李林队伍的前进之路。眨眼间，七八位骑兵兄弟先后倒下了，李林用手势按下部队，隐身马腹之下观察了地形和小径，单马独骑飞跃而出，猛然出现在敌背后，她从马腹之下钻身而出，一手一枪，敌两挺机枪顿时哑了。李林高喊一声，率所余骑兵全力冲杀，冲出了敌人第二层包围圈，静静地站立在战阵之外的西短川村路口。

李林率部东进之后，她的声势吸引了敌军所有注意力，东平太南山的敌军先缓后急，东移而去，西南部位一片宁静。危局中的黄金机会，就这样如天门大开。赵仲池和姜胜紧急部署突围，大队伍分从西、西南突围而出。这个过程中，李林率队一直冲到了东大沟东头的西短川村口，这里是一片平坦开阔、三面有路的洼地。这个位置稍北就是大坪沟、屯港、阎家窑（三村均隶属山阴县）敌火力空白区，她若由此北出，便是鱼儿脱却金钩去，摆尾摇头入海洋。

从西边的东（平太）村打到东边的西（短川）村，掩护任务已经实施，安全脱身近在眼前。但是，李林驻足不动，侧耳凝神。

西边山间，零星枪声仍然时有听到。那些日日一起工作的机关同志们，那些熟悉而可爱的学员们，都是抗日政权明天的梁柱。他们一个个一颦一笑，面影如现。哪怕他们中还有一人尚未安全撤出，都是李林心里放不下的……行署委员兼专署秘书主任李林在战火的海洋中冲进打出，此刻，她抚了抚自己的肚子，拍了拍菊花青的脊梁，拨马回头，菊花青一扬鬃，朝着西山长嘶一声，身后的战士们也都拨马回头了。从西边的东村打到东边的西村，一种奇异的、强大的战斗信念升起于华侨女英雄李林的心底，她朝身后下令："我们需要二次反攻，掩护我们的队伍!"

她双腿一夹，菊花青箭一般射出，十几骑人马把一股新的烟尘卷上西短川村西的荫凉山。

原从南北两山集结而来东援的日军忽然不见了刚刚咬住的李林一部，正要后队作前队调兵向西搜索，没提防到这股骑兵忽然又在他们背后开了火。由于李林的回击猛烈到间不容发，日军不得不再次集中力量来对付这一股猛虎般的骑兵。又是一场激烈战斗，又有3名战士陆续倒下。李林警卫员王海林的战马中弹倒地。李林随即拉他站下，解下随身一个文件包塞进附近一棵树下的土缝。她一边刨着土把文件包埋得严严实实，一边叮嘱王海林：“记住这个地方，队伍回来了，把文件交给专署。”王海林闻言，哭了。但李林笑了。她拍拍手上的土，从衣袋里取出自己从集美学校珍藏至今的一支钢笔，递给14岁的王海林，拍着他的肩膀，轻声说：“做个纪念吧……”王海林一下大哭起来。

“哭什么！还算个抗日战士吗？”李林训斥一声，然后柔声叮嘱：“你走吧……你人小，敌人不会注意你，你赶快沿着南面这条小沟跑出去。只要碰到老乡，他们会掩护你的。”

王海林泪眼蒙眬地看着李林，不肯走。一阵炮火大响起来，李林在炮火声中提高声音下了命令，王海林洒泪离开。

当再听不到西山梁的枪声时，李林回身招呼战士再次东转突围。

这时的日伪军已经完成了对乱道沟和东平太两村的战斗搜索，多日侦察、精心布局、志在必得的一次大“围剿”，枉费重兵一万二，竟然一无所得。乱道沟村南山上的指挥所里，日伪军总指挥被沉重的失败感压迫得暴跳如雷。他命令调整阵势，尽快将火力集中到仅有的包围对象身上，以图活捉几个指挥人员，从对方口中获取有用信息。于是，南面郭家窑村后山头和北面的敌人很快形成了对李林新的重重包围。举目处，山顶山坡，到处是在快速运动着的日伪军，闪烁着魔氛的膏药旗和闪耀着森森寒光的枪刺刀，像会移动的树林一样，漫布群山，大山变成了簸动的海洋。

但是，李林始终拥有坚定的军事自信。还有 11 名战士在她的身后，这仍然是一支打不垮的部队！

战况激烈而不可预知，李林率领自己的小部队进退有度地边战边往东南方向郭家窑村运动。李林的菊花青是匹有悟性的战马，它历经战场，又长期跟随李林，谙熟主人之性，培养了驰骋于战火和辨听敌军枪弹声的特异本能。战场上，菊花青极善在枪林弹雨中飞驰。它朝着枪声方向前进，能根据枪声的强弱、远近和子弹落地的声音轻重而准确判断敌军的方位和距离，灵敏调整步态与速度，帮助主人从容而不失时机地战斗。在这场激烈而持久的掩护战中，马从人意，人扬马威，李林脚踏马蹬，一手拿步枪，一手提着驳壳枪，时而长枪远射，时而短枪近打，始终冲锋在前。

此刻，在二次攻击之后的二次突围中，李林勒转马头，前军作后军，在后掩护战士，以一人双枪，抵挡迅猛增加的敌人重兵。她远射近战，疏打密击，打得艰险，打得艺术。大敌在后，却如徒手抓鱼，一股奇特的骑兵，眼看要脱出包围圈。在突出包围的最后一座山峁，一颗手榴弹突然爆炸在马前，可爱的菊花青嘴骨被打穿，疼痛之下，一失常态，骤然摆道。它的主人由于只顾了左右回身射击以掩护战士们突围，意外之下，没有揽紧缰绳，她紧急将右手中的步枪往怀里一送，腾出手来向马鬃探手一抓。但，只瞬间之差，她没有抓住马鬃，腰杆一斜，滚落下马，摔下了半坡。那枝半自动步枪也离她而去。

李林落马，六七名战士勒马回缰准备下马来扶，李林厉声喊道："干什么？赶紧往外冲！"战士们从来没有听到过"大姐将军"如此严厉无情地喝斥，不敢犹豫，缰绳一抖，冲过山梁。失去了战马的李林匍匐在地上回身向追击之敌射击，继续为向山梁突围的战士打掩护，6名战士最终脱险。李林把部下送给她的最后一丝生的希望又送还给他们，和身边仅有的两名没了战马的战士匍匐着艰难地转到了荫凉山顶。她一转脸，看见菊花青长声嘶鸣，返身朝她奔来，它的嘴巴上还流着鲜血。一串枪弹射来，菊花青像一座小山一样轰然倒下。李林伏在地上，看见它的长鬃在一瞬间惊心动魄地翻飞而起，她的眼泪潸然而出，抬手于额际，向先她而去的战友菊花青，默默地敬了个军礼。

又一阵枪声后，随身的最后两名战士中弹而死。李林的手臂、大腿、胸侧也已各中一弹。李林清醒地知道，自己突围已经没有可能，自己能做的，只有战斗到生命的最后。她一个人忍着剧痛手提驳壳枪移动到荫凉山顶那座拜雨庙外，凭借小庙的掩护，把剩余的子弹瞄准敌人一弹一敌精确射出，从各个方向涌来的日伪军被打得时有倒地，不敢近前。拖着多处枪伤的身体，李林又顺坡而下，东移 200 多米，来到拜雨庙东南的堰条洼地，这里名叫武家坟。如果朝着东南方向再移动 500 多米，她可以从南坡一滚而下，落到郭家窑村，在乡亲那里暂避。但是，此刻，成群的日伪军已经近距离包围而至，这个微薄的“如果”，已成为泡影。日军渐围渐近，李林依旧冷静射击。她凭借自己精确的枪法，忽而连点连射，忽而单打冷射，给敌人造成尚有一个小队伍在里面，随时可能出奇兵的错觉。她的面前又出现 6 具敌尸，敌群后退，武家坟出现了片刻的宁静。

这片刻的宁静中，李林一摸子弹袋，已经完全空了，她将它一扔，又从衣袋中摸出两粒子弹，装进驳壳枪的枪膛。这片刻的宁静中，独自半仰在荫凉山武家坟的李林，对面便是刚刚激战过的拜雨庙，从那里到身边的草丛，是她的鲜血划下的一条线。这位南洋侨女的最后时刻面对着这座雁北山区的小庙，眼前闪现过了哪些场景？耳中响起了哪些声音？她很惦念的是洪涛山区的干妈们、姐妹们，自己还充满信念地要给“姐妹们”与中央妇委架设一座桥梁——

……我做了一些工作，而且我还在学习，还在希望自己能为党做出一点工作成绩来。希望你们经常领导我，站在党的组织上经常指示我的工作，教育我如何去做一个革命者。

……

下次我可以告诉你们这儿妇女的情形。希望你们今后常来信指示……（李林《给中央妇委的信》）

爱人“阿健”呢，此刻你的身体可好？自己结婚将近一年半时间了，却没有给阿健生下孩子，她多少有些愧意。人们奇怪地说她这个做女人的，没病没灾的，怎么怀不住孩子呢？她自己知道，战斗的日子里，他们的爱的结晶总是在成形之前“流失”了……后来到了集中培训期间，情形有所变化，就在此前不足一个月的3月底，一位姓赵的名医给她把脉：“有了……”

“有了！”她和阿健的“结晶”终于“有了”，这还是抗战生活的见证啊，她多么爱惜尚未出世的他（她）啊！

太阳升起来了，交织着寒风的初春的阳光洒在她的脸上，她试着挥动手臂，浑身伤口疼痛剧烈发作，一阵晕厥，她倒在洼地草丛。

“抓活的！抓活的！”敌人的呼喊声惊醒了草丛中的李林，她一跃而起，奋起生命的全部力量，挥起驳壳枪连发两枪，用最后两粒子弹射死冲在最前面的两个敌兵。敌人受到“死了”的对手的突然袭击，一时陷入不知虚实的恐惧，再次后退。这个短暂的时间里，李林将驳壳枪拆下机件四下扔弃在草丛，拔出腰间的三号八音手枪。小枪里的子弹只有一粒，李林用观赏的目光，最后打量一眼这件武器，她借助地面的支撑，弯回手臂，将枪口指向自己的颌下……从厦门到杭州，她记住了岳飞、郑成功和秋瑾的最后年岁：39 岁，38 岁，32 岁。而自己的最后时间也到来了——我自己的年岁比他们如何？不管了！我们的国家在，我们的民族在，我们的年岁多少不都一样吗？她的枪口向自己的颌下逼紧了。

李林壮烈殉国（赵静江绘图）

日伪军成群围上来，为了壮胆，虚张声

势地叫喊着。一声清脆的枪响，李林将最后一粒子弹射入自己的颌下，面容上凝固着从容自信的微笑。

时为1940年4月26日9～10时。一位不满25岁的南洋归侨，一位曾辗转祖国南北求学的民族知识分子，一位能文能武的中共党员和牺盟会员，把最后一滴血洒在塞外抗日战场洪涛山下。

日军的包围圈收缩到荫凉山外围的时候，并不知道包饺子包住多少人马。孤身英雄李林的神射，直到最后的时间都在威慑着他们，他们只得动用了大部队一圈一圈逐层压缩。当包围圈压缩到武家坟洼地时才知道，原来，与他们对峙了这么久的，只有一个士兵，这个士兵正在晕倒在地，他们遂发喊要“抓活的”。当他们最终“抓住”已经自尽的李林时，发现这位只身一人打出一个小部队的声威的对手，竟是一个矮小的女八路。他们边喊叫边慢慢靠近，近至李林身边，明明白白看到一个女兵静静地躺在草丛中，日伪军竟然又一次骇然后退。当他们确认这个女兵没有一跃而起，才迅速围聚而上，慌乱地用枪刺刀捅刺了李林的遗体，李林腹中三个月的婴儿露出体外。

一个日军佐官随后赶来，他脱下白手套，对部下甩手打了两个耳光，然后两脚跟一并，出于对死战到底的对手的敬重，向倚在武家坟土堰下的李林遗体脱帽敬礼。

和中外历史上繁若天上之星的英雄们相比，李林这一死可算得重于泰山。共和国第一任总理周恩来于 1973 年 9 月 15 日陪同法国总统乔治·让·蓬皮杜访问大同时曾激情地称李林为“中国的贞德”。

那么，李林与贞德相比，有哪些相同、哪些不同呢？

在英雄业绩和军事成就方面，李林与贞德都是名震遐迩的女英雄。

在命运逻辑和英雄性格方面，李林是因阎锡山集团

小贴士

圣女贞德：贞德（1412～1431），英法百年战争中，带领法军对抗英军的入侵，为法国胜利做出了巨大贡献，殉国时年仅 19 岁。贞德之战法，多采取猛烈的正面攻势，并亲身投入每一场战斗，始终身处战斗最前线。她是世界历史上唯一能在 17 岁时就指挥国家大军并接连大胜的少女，是法国人民心中的民族英雄、自由女神，被称为“圣女”、“奥尔良的少女”。

与中共领导的敌后抗日根据地的冲突所造成的困境而牺牲的；贞德率军战胜英国侵略者，查理如愿以偿当了法国国王，志得意满，不愿再战，法国上层势力为与英国人媾和，暗地勾结英国人并将贞德交到英国人手中，贞德是被自己国家的上层势力（查理王子等贵族）出卖而牺牲的。她们都有一个命运大背景，但她们都出于对祖国和同胞的赤胆忠心，而一往无前、不顾生死地与侵略者血战到底，慷慨牺牲。

大为不同的是她们生命的最后情形，贞德更悲剧，李林更悲壮。

贞德于1431年5月30日在法国卢昂被执行火刑。

贞德

行刑前10天，贞德每天都被捆绑在囚车上游街示众，受尽了屈辱。被绑上火刑柱之后，她手握十字架不断祈祷。法兰西的民族女英雄在烈火中牺牲。

而李林是在以寡敌众的战斗中，战斗到最后，慷慨悲壮地自尽而死的。

洪涛山下，荫凉山上，日军佐官将李林平置于土堰之下，脱下自己身上的军大衣覆盖了李林的脸，然后指挥士兵动起手来，用枪刺刀从地堰上刨土而下，将李林就地掩埋。他流连于眼前小小的土堆，口中喃喃而言："看来，中国不会亡！"

第六章　救国救民　精神丰碑

李林殉国 76 年来，从官方媒体到民间印象，人们一般地都将她定义为“民族英雄”。李林不仅仅是位抗战英雄，她的英雄内涵是丰富的。

“保护自己”与“消灭敌人”

在第四章里，介绍了李林在大同工作时，曾与同事张干丞谈恋爱。他们俩相爱是有道理的，因为都投身抗战事业，都有工作才干。个人气质形象方面，李林在大家的印象中“虽不漂亮却很迷人”，张干丞则帅气，风流倜傥，也算是一对儿。这些促成了他们工作上愉快合作，高效运作，进而也促成了他们的情感升温。

而差异与分歧，往往是在大的问题或特定的节点上才显示，才暴露。除了雁门关上的北进与南退这一分歧外，他们在大同时就暴露过一个具有理论色彩的差异。

那天，他们又在捂起窗帘连夜赶印传单，敌机投下的炸弹骤然间在窗外响起，张干丞倏地钻进桌子底下，还招呼李林也钻进来。李林站在一旁看着他，用很慢的声音说："没想到，你这么胆小……"张干丞立刻回复了一个理论："只有保存了自己，才能消灭敌人！"

《天堂之李林》（贾正江绘）表现了人民对李林尊崇和怀念之情

"不！只有消灭了敌人，才能保存自己！"李林应声而回。

李林为什么能应声做出这样的回复呢？因为她在杭州学习秋瑾，"芸芸众生，孰不爱生？爱生之极，进而爱群"这句秋瑾语录刻在她的骨头里了，这不正是关于爱惜生命的一个逻辑吗？只是，爱惜谁的生命更重一些，这是一个不可调和的分歧。辩论中的理论永远只是飘在天上的云，只有生死大关头的实际情形才是落在地上的雨。放在前面的"保存自己"只是个什么样的“自己”？而放在后面的“保存自己”，又是一个什么样的“自己”？李林短短的一生参加了很多斗争活动，她一次次慷慨无私地将自己的生死置之度外，东平太街头以一个孕妇之身作出关乎生死的大担当，她用自己慷慨的牺牲吸引了众多的敌兵，从而保存了将近700多个“自己”。

更重要的是，她这种“保存自己”和“消灭敌人”的生命辩证观，不仅是英雄精神，也是英雄文化，必将世世代代流传下来，成为中华民族的文化财富。

雁门爱情：张干丞与屈健

大同小南头村龙王庙里射来的丘比特神箭，在雁门关内的阳明堡，已经作了最刚硬的断折。雁门关上，李林舍弃了自己的初恋，而毅然北上，二出雁门关。所有的浪漫与绮丽，是别人的世界。这一路，李林的内心情感是平静如水的？还是波澜壮阔的？大家可以想象一下。

14个月后，李林与屈健在晋绥敌后的沈家小庄窝村（隶属山阴县）结婚。李林的性格偏刚，屈健的性格偏柔，二人的性格差异是大于她与张干丞的。但是，二人却相爱甚笃。可见，他们的爱情既有个人感情的相融，更有抗日救国理想的交汇。李林早在到杭州女中读书之前，母亲就给她设计了人生：早点找个婆家居家过日子。李林不无忧虑地对她的堂嫂说："如果结婚，就有了拖累，干什么都不便了。"她费了很大力气才摆脱母亲的"良好用心"。此刻，抗日和革命，为这位生于闽南、长于南洋的侨女，设计了雁北，安排了屈健。

1995 年 4 月 26 日，屈健一家在朔州市李林烈士陵园李林墓道纪念李林

屈健，这个来自河南桐柏（今河南南阳市桐柏县）的内涵型青年，早在太原军政训练班时期就见识了李林的女将风采，在牺盟会大同中心区会议上又了解了她不同

凡俗的性格;李林重出雁门关,来到平鲁之后,让他有机会较全面地认识了她。1938年7月,李林来到晋绥边委,来到屈健身边。为了工作便利和安全考虑,组织上安排李林与屈健在一起工作,常常在一盏油灯之下各做各事。有一天,李林写好了一封信——是给驻扎在陕西省秋林镇的民族革命大学的侨生写的,屈健一见,不由地问了个"题外话":"李林同志,请你谈谈你的华侨经历,还有厦门、上海、北平……"

面对屈健的目光,李林谈了另外一些"过去"——比如陈嘉庚先生一件又一件的崇高和伟大,比如她能背出秋瑾的哪几首诗……

屈健也谈了一些自己的过去与家族的事:他出生于豫南桐柏县江河村一个小地主家庭,父亲屈德芳为人仗义,结纳四方的朋友,有的成了屈健从事革命的保护伞。后来,保护伞不在了,"我还闹,官府就要抓我,我这就跑到了太原。你是过年前到的,我是年关之后到的,咱俩前脚跟后脚……"

"谁和你前脚跟后脚呀!"李林听到这里,扑哧一笑。其实,她早被屈健从事革命不怕死的劲头征服了,这种为抗日而走到一起的缘分,更具有使她难以摆脱的魔力。贺龙、关向应等领导的晋西北党组织多次调李林到后方高层机关工作，屈健闻知，万分揪心。这时，李林给他看了一封张干丞的来信，信中说："……你如再不回晋西北后方来，咱们就算了。"

李林对着窗口说："我叫你来，你不来；你叫我去，我还不去呢！"说着，又用略带顽皮的口气对屈健说："……阿健，我留在雁北是为了打日本呀，难道你不明白吗？"她回答过后，才突然发现双方的称呼悄然改变："李林同志"变成了"小李"，"屈健同志"变成了"阿健"。她脸红了一下，一笑双眯眼对望着憨厚的屈健，满脸女儿态。

此后，二人在一盏油灯之下互传纸条，关系确定。屈李二人的婚姻被组织上批准了，这也意味着调李林到后方机关的提议就此打住，意味着这位南洋侨女与塞外洪涛山的宿命。

"灯塔"与"保姆"

李林殉国，天下举哀。《新中华报》《新西北报》《抗战日报》等国内多家媒体都报道了李林壮烈殉国的消息，有的还配发社论，有的刊出中共中央妇委等有关组织、有关领导人的纪念文章。《新西北报》配发的社论说：

……她的死，无疑的是国家的一个大的不幸和损失，尤其是晋绥边区的人民更是失掉了他们最亲热的保姆，失掉了光明的灯塔。

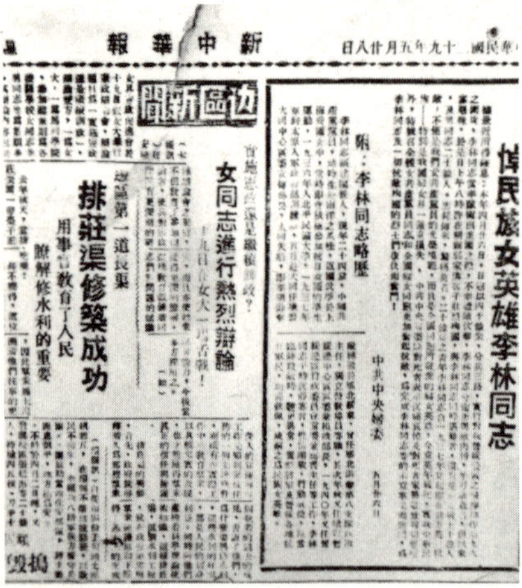
新中華報
中華民國二十九年五月廿八日
邊區新聞
悼民族女英雄李林同志
李林同志略歷
中共中央婦委
女同志進行熱烈辯論
排莊渠修築成功
用事實教育了人民
瞭解修水利的重要

报纸对李林殉国的报道(一)

“保姆”与“灯塔”，是对牺牲了的英雄人物的崇高评论，是对李林的深入了解后的准确定义。因为，李林高度重视社会人文，高度重视民众教育，深切热爱民众，她与别人一样能遵循组织规则办事，更有与别人不一样的创造性社会业绩。

在上海，她以一个中学生之微创办了晏阳初式平民夜校；来到晋绥，她千方百计实施民众教育。更实际的是，她解救了众多童养媳并把她们培养成抗战干部，她们大多在新中国受到干部待遇。

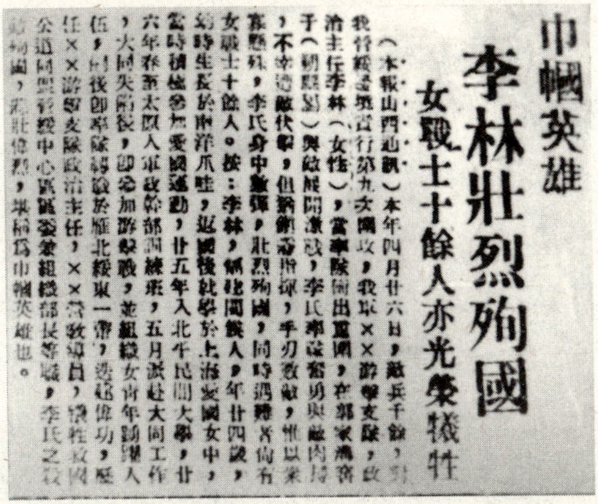

巾幗英雄

李林壯烈殉國

女戰士十餘人亦光榮犧牲

（本報山西通訊）本年四月廿六日，敵兵千餘，對我晉綏邊區進行第九次圍攻，我晉××游擊支隊，政治主任李林（女性），當率隊衝出重圍，在郭家窯于（朔縣屬）與敵展開激戰，李氏率隊奮勇與敵肉搏，不幸遭敵伏擊，但猶鎮定指揮，手刃數敵，惟以衆寡懸殊，李氏身中數彈，壯烈殉國，同時遇難者尚有女戰士十餘人。按：李林，係[illegible]閩僑人，年廿四歲，幼時生長於南洋爪哇，返國後就學於上海愛國女中，當時積極參加愛國運動，廿五年入北平民國大學，廿六年春至太原入軍政幹部訓練班，五月派赴大同工作，大同失陷後，即參加游擊戰，並組織女青年踴躍入伍，嗣後即率隊轉戰於雁北綏東一帶，造起偉功，歷任××游擊支隊政治主任，××營教導員，犧牲救國公道團與晉綏中心區黨委組織部長等職，李氏之英勇殉國，尤壯偉烈，堪稱為巾幗英雄也。

报纸对李林殉国的报道(二)

小贴士

童养媳：为中国古代一种异化了的婚姻习俗，其性质介于婚姻与佣工之间。通常是女家因贫将女孩子卖给男家，男孩尚未成年，在正式完婚之前的几年甚至十几年里，童养媳被男家当作仆婢使用，受奴役而无人权。

1949年后，我国大部分地区消灭了童养媳现象。

印尼华侨学校里的荷兰殖民官员说中国人是“东亚病夫”是对中国人的侮辱，不过，在旧社会，中华确有严重的“病”态：古代的奴婢制度本就“病”态，一夫多妻制度也是“病”态；童养媳，又奴又媳，非奴非媳，这是什么产物？李林要尽其所能，改革、消灭这样的落后习俗。她凭借自己的队伍具有的政权威力，解救和培养了许多童养媳。何秀兰、穆秀花是李林亲手培养出来的童养媳出身的抗战干部；孙平是受李林影响，勇敢地摆脱童养媳地位而投身抗战事业的，她最终成为山西省民政厅的正处级干部；缝纫女工刘震被她力排众议带出来做贴身工作人员，新中国时期是陕西省西安市一位校长。

曾任右玉县抗日儿童团长的邵生荣（中）讲起李林对他的关爱，泣不成声

在李林同志的影响下，平鲁、偏关等地的第一批女干部投入工作了。——赵仲池《奔驰在长城内外的女英雄——李林同志牺牲二十周年纪念》。

位于集美中学李林园的李林塑像，碑上刻有薄一波亲笔题词：李林烈士女中英杰，为国捐躯永垂史册。

中国乡村社会还有一种更坏的现象：恶霸欺压百姓。一个村有一个恶霸，全村人的日子就过不安宁，全村人都要怕他，人们的心理不就扭曲了？于是就有乡谚说“不溜富的过不了，不怕恶的活不成。”这就把社会变异了。李林发现，正是这些恶霸紧紧依附于日伪军更加有恃无恐地欺良压善，所以她带兵或领导地方工作，一路杀奸锄霸，保护了平民百姓，同时斩断了汉奸网。李林的群众路线，并不是每到一地就挑水、扫院、劈柴，而是为一个人或一户人或一村人或一地人——办大事，办难事，办实事！

那么，李林的救国救民的丰满理想从何而来？来自“四个正确”的叠加——正确的人（有正义禀赋），在正确的时间（受教育成长的最佳时期），来到正确的地方（集美学校），接受了正确的教育——集美是一个有文化、有精神的校园，这种精神来自陈嘉庚先生为民族的未来着想的深刻的办学宗旨：

> 吾国国运危如累卵，存亡未可预卜。然吾民族赖以维系不堕者，统一之文化耳。（《陈嘉庚回忆录》）

陈嘉庚以传承中华传统文化为己任，他通过教育事业，把中华民族的伟大精神传给了李林等万万千千后起英才。同时，苏俄革命文学的渗透，使李秀若在文学发展的同时，起始了她的革命生涯。

从李林往回看，中国历史上的民族英雄和革命先驱，大多是思想领域的觉醒者，又是知行合一的实践者。觉醒，使他们自觉；实践，使他们自强。觉醒，必有深厚而伟大的思想启蒙；实践，必有多种因素的合成。李林，投入抗战，成为一位慷慨壮烈的抗战英雄。而她用短短的 24 年的生命历程，实践了一个民族知识分子救国救民的大理想，她是一个实践丰富、精神丰满的民族英雄。

李林魂

参考书目

1. [美]费正清、费维恺编:《剑桥中华民国史》,中国社会科学出版社,1994 年 1 月。

2. [英]拉纳·米特著:《中国,被遗忘的盟友——西方人眼中的抗日战争全史》,新世界出版社,2014 年 7 月。

3. 陈嘉庚著:《陈嘉庚回忆录》(原名《南侨回忆录》),东方出版社,2010 年 11 月。

4. 雒春普著:《阎锡山传》,国际文化出版公司,2011 年 1 月。

5. 王宝国著:《华侨抗日女英雄李林传》,三晋出版社,2015 年 9 月。